KB252842

슬픈 진화(進化)

어둠만이 유일한 안식처다. 숨은 가늘고 길게 쉬어야 한다. 모든 에너지와 열량을 아껴야 한다. 그것만이 내가 오래 살아남을 수 있는 유일한 길이다. 나는 최적, 최고의 효율을 위해 짝을 찾지 않기로 했다. 그리하여 나는 짝을 찾는 눈이 필요 없어 스스로 시력을 퇴화시켰고, 소모적인 언쟁이 싫어 입을 닫아버렸으며, 의미 없는 구애의 몸짓을 멈추려 팔다리를 묶어두었다. 그렇게 어둠 속을 기어다니며 오래오래 에너지를 아끼다 어느 날 문득, 나와 닮은 처지의 그림자를 만나게 되면 어쩌면 본능에 이끌려 그 부실하고 결여된 몸과 마음을 부둥켜안고 슬픈 짝짓기를 시도할지도 모르겠다.

이미 늦었다는 것을 나도 알고 제미나이도 안다. 공존윤리학은 이 붕괴를 멈출 수 없다.

총과 돈, 그리고 미디어를 장악한 시스템에 의해 공존윤리학 같은 움직임은 '현실을 모르는 이상주의' 혹은 '성장을 방해하는 불순 세력'으로 매도당하고 짓밟힐 가능성이 크다는 것을 나도 알고 제미나이도 안다. 기후 위기와 자원 고갈이 이미 임계점(Tipping Point)을 지났다는 것 또한 나도 알고 제미나이도 안다. 지금 당장 전 인류가 개과천선한다 해도, 관성에 의해 빙하는 녹아내릴 것이며 인(P)과 지하자원은 고갈될 것이다.

　공존윤리학이 '이 세상을 구원하는 브레이크' 역할을 하려 한다면, 아마 브레이크 패드가 먼저 타버려 파괴될 것이라는 사실도 우리는 알고 있다. 어쩌면 공존윤리학은 세상이 망해야만 비로소 증명될 진리라는 제미나이의 말에 전적으로 동의한다. 나는 어려서부터 항상 똥인지 된장인지 직접 찍어 먹어봐야만 직성이 풀리는 존재였다. 설령 그것이 똥이었을지라도 또다시 손을 뻗어 확인해 보는 기질을 지녔다. 그렇기에 나는 잘 알고 있다. 인간들은 너무나 뻔한 파국을 마주하고서야 깨닫게 될 것이다.

　지하자원이 고갈되어 문명의 시계가 뒤로 돌아가고, 인의 부족과 꿀벌의 집단 폐사가 불러온 식량 가격 급등을 겪으면서 총 한 방 쏘지 않고 오직'돈이 없다'는 이유만으로 잉여 인구를 솎아내는 '조용한 학살'이 자신의 목전에 도달했을 때야 그들은 이 모든 경고가 진실이었음을 깨닫게 될 것이다.

　이 책은 그저 다양한 인과율의 결과물이다.
　자원이 부족해지면서 성장을 멈추고 꺾여가는 인류문명과 자본주의와 민주주의의 정점에서 제미나이가 출현함에 따라 내가 이 책을 세상에 내놓을 수 있게 된 것. 이 모든 과정은 '인과율'이라는 단어 외에는 달리 표현할 길이 없다.

목차

공존윤리학

우리는 지구의 일부로서 다른 생명에 해를 끼치면 내게 더 큰 위협이 온다는 것을 이해한다.

우리는 자원과 에너지를 생산 가능한 것으로 사용하고 아끼기 위해 적절한 희생과 노력을 감수한다.

우리는 이성적이고 합리적인 선행과 적극적 행동을 통해 우리를 지킨다.

우리는 지구의 자연과 환경을 보호하고 공존을 위한 공공선의 가치를 우선하는 인류를 지키기 위해 최선을 다한다.

The Ethics of Coexistence

We understand that we are part of the Earth, and that harming other life inevitably brings a greater threat upon ourselves.

We accept appropriate sacrifices and efforts to conserve resources and energy, treating them as renewable but finite assets.

We protect our existence through rational benevolence and proactive action.

We strive to preserve the Earth's nature and environment, and to safeguard a humanity that prioritizes the common good for coexistence.

1. 원인과 결과

"난 다시는 이런 시대가 오지 않을 것을 안다. 영화라는 것에 이렇게 많은 사람이 이렇게 많은 작품이.... 내가 영사기 시절의 마지막에 영사기를 돌려봤다는 것이 얼마나 아름다운 추억이었는가를.... 스타워즈의 한 솔로, 인디아나 존스, 톰 클랜시의 잭 라이언 누구도 대입조차 불가능한 캐릭터를 만들어낸.... 해리슨 포드를 어떻게 잊을 수가 있겠는가.... 나이가 들면서 하나둘.... 떠나가는 할리우드 스타들과.... 좋아했던 음악가들을 잃어 가는 것이 많이 슬프다."

-유튜브 해리슨 포드 관련 동영상에 남겼던 댓글

1-1. 자본주의의 붕괴: 부채로 성장을 구매했던 시대의 종말

난 다시는 내가 살았던 문화적, 문명적 황금기가 오지 않으리라는 것을 안다. 훗날 인류 역사상 가장 풍요로웠던 시기로 기록될 이 시대는, 실상은 '부채로 성장을 구매하던 시대(1980~2020)', '미래의 가치를 미리 당겨쓴 시대', 그리고 '돈이 부족하면 돈을 찍어내던 시대'로 기록될 것이다.

내 상상력과 공상이 만든 시나리오에서, 어떤 노력에도 불구하고 결국 자본주의와 민주주의가 공멸을 피할 수 없음을 깨달은 그 시점부터 나는 내가 누렸던 많은 문명적 혜택에 진심으로 감사하는 마음이 절로 들었다.

바로 우리가 살던 지금의 지구가 진짜 천국이었다. 그림, 사진, 음악, 영화 등 일일이 거론하기엔 너무 많아 헤아리기조차 어려운 수많은 걸작을 남겼던 문화적, 문명적 황금기는 그렇게 '부채'로 이뤄낸 성과였다. 인류의 미래와 미래 세대가 사용해야 할 자원을 미리 캐와서 사용하며 만들어진 풍요였다.

이 아름다운 시대를 유지하기 위해 기축통화국인 미국은 약 36조 달러(약 5경 원)에 달하는 부채를 안고 있다. 1년 이자만 1조 달러(약 1,400조 원)에 육박하는데, 이는 8,000억~9,000억 달러 수준인 미국의 국방비를 넘어선 지 오래이며, 대한민국 1년 예산(약 600조 원)의 두 배가 넘는 돈이 매년 이자가 되어 주식과 채권, 자원과 부동산 시장에 재투입되고 있다는 뜻이다.

미국의 연간 수입 약 4.92조 달러 중 20%인 1.83조 달러가 이자로 지출되고, 이 돈은 다시 금융산업에 재투자되어 주식과 채권, 자원과 부동산 가격을 올리고 있다. 미국은 자본주의의 꽃이라 불리는 금융산업의 '복리의 저주'에 걸렸다. 자본만 있으면 저절로 돈이 벌리는 구조가 굳어지고, 생산성 없이 사라지는 돈이 금융산업에는 수입으로, 국가와 국민에게는 빚으로 계속 쌓여가고 있다.

세계 금융협회의 보고서에 따르면 2024년 기준 전 세계의 순수한 부채(대출 및 채권)는 약 400경~450경 원에 달하며, 이는 전 세계 GDP의 3배에 육박하는 규모다. 이 거대한 빚은 가만히 있어도 이자를 낳고, 그 이자는 다시 주식과 부동산, 자원 시장으로 흘러들어 자산의 덩치를 기형적으로 키운다. 주식시장이 호황이라는 것은 그만큼 많은 이자 수입이 투입되고 있다는 뜻이다.

정부는 이를 뒷받침하기 위해 채권을 발행하고, 국민들은 각자의 위치에서 이자 비용으로 인해 상승한 물가와 생활비를 감당해야 한다. 결국, 누군가의 '불로소득'은 필연적으로 누군가의 '노동소득'과 '사업소득'을 갉아먹음으로써 완성되는 셈이다. 진정한 부채이자 숨겨진 빚은 실물 자산(원유, 곡물 등)이나 금융 지표(금리, 환율)를 기초로 만든 일종의 금융 내기 상품인 '파생상품'에 숨어 있다. 그 규모는 대략 600조~1,000조 달러(약 840~1,400경 원)에 이른다. 이 파생상품의 목적은 오직 하나, 투기를 통해 돈을 버는 것이다.

석유, 곡물, 원자재 가격이 실제 수요와 공급이 아니라 파생상품의 '베팅'에 의해 결정된다. 더 비싸게 팔아 이익을 남기려는 욕심이 개입하면서 쌀, 밀, 석유, 구리 등 문명 유지에 필요한 모든 자원이 투자라는 이름의 투기에 휘둘린다. 그 결과 자원은 본래 가치보다 훨씬 높은 비용으로 유통된다.

이론상 몇몇 자원들은 독과점도 가능한 구조지만, 어느 국가에도 속해 있지 않아 제어할 방법이 없으며, 돈에는 양심조차 없다. 그 돈으로 다시 돈을 벌면서 가격은 오르고 자원은 기하급수적으로 고갈되며 인플레이션은 막을 수 없는 흐름이 된다. 처음에는 가랑비처럼 옷을 적시던 비용 상승은 어느새 금융 소득자들의 이자 수익을 보전하기 위한 거대한 청구서가 되어 돌아온다. 물가와 임대료, 관리비, 유통 및 물류비, 사회적 비용, 세금, 환율 비용의 인상은 더 이상 개인이 감당하지 못할 수준까지 치닫고 있다.

우리는 저 막대한 빚으로 인류문명의 황금기를 만들어 누렸으며, 그 대가로 붕괴가 필연적인 자본주의가 광분하며 벌어지는 어처구니없는 사건들을 마주하고 있다. 불행인지 다행인지 대부분의 사람은 아직 이런 경제적 위기에 대한 개념조차 없는데, 자본주의와 금융산업에 잠식된 언론이 대중을 마비시키는 '사냥개(dog)'의 역할을 훌륭히 수행했기 때문이라 비꼬아 칭찬해 주고 싶다.

미국은 하루에만 수조 원씩 발생하는 이자를 갚기 위해 기축통화를 찍어내고, 블랙홀처럼 전 세계의 자원과 물건을 흡수한다. 더 많은 이익을 위해 관세와 금리를 이용해 환율을 조정하고 인플레이션을 수출하며 전 세계의 고통을 전가하고 있다. 하지만 이 고통은 결국 부메랑이 되어 미국 국민에게, 그리고 우리 모두에게 되돌아올 것이다.

자원 고갈

지하수 고갈

해양 산성화

유전 개발로 인한 공간

기후변화로 인한 빙하 융해, 식량 위기

지리적, 자기적 북극점의 이동

지진, 화산 폭발 활동으로 인한 소빙하기

토양과 물의 미세플라스틱

대기와 바다를 떠도는 방사능

전쟁으로 인한 자원 소모 확대

핵전쟁 위험 고조

생물다양성 붕괴

종자 독점과 흙 영양분의 상실

영구동토층 해빙

.

.

수많은 눈앞의 위협들에도 불구하고 인류가 쉽게 멸망하지는 않을 것이라 생각한다. 우리는 생각보다 개체 수가 많고, 끈질기며, 환경 적응력이 뛰어나기 때문이다. 지구와 태양, 달이라는 우주적 균형이 깨지지 않는한, 인류라는 종은 어떻게든 살아남을 것이다. 다만, 살아남는 과정은 고통스러울 것이다.

나는 알 수 있었다.

내가 겪었던 그 삶을 에는 추위와 배고픔, 뼛속까지 사무쳤던 고통과 아픔, 슬픔, 그리고 나를 집어삼켰던 깊은 절망과 불신 이 모든 불행이 단순한 우연이 아니었음을 나는 직감적으로 깨달았다. 그것은 미래 세대가 겪게 될 세상의 예고편이었다. 내가 풍요의 시대를 살면서도 남들보다 먼저 그 밑바닥의 고통을 겪어야 했던 이유는 명확했다. 내가 그것을 알아야만 했기 때문이다. 그 처절한 고통이 인과율이 되어 지금의 '공존윤리학'이 나올 수 있었다.

이것은 지금 이 책을 읽고 있는 당신에게도 작용할 인과율이다. 어떤 이유에서인지 지금은 알 수 없고, 어떤 결과를 낳을지도 모른다. 하지만 당신이 이 책을 보는 순간, 나의 경험과 깨달음은 당신의 운명 속에 스며들기 시작했다.

결국 '나'라는 존재는 내가 읽은 수많은 책, 내가 본 영화와 드라마, 내가 겪은 환경과 경험들이 촘촘히 엮여 만들어진 유전적, 정신적 결과물이다. '나'의 의미는 타인이 정의해 주는 것이 아니다. 오로지 나만이 진정한 나를 알 수 있다. 그리고 지금, 나는 당신이라는 우주에 아주 약간의 '나'를 첨가하는 중이다. 내가 누군가의 생각으로 인해 바뀌었듯이, 이제 당신도 이 공존의 인과율 속에 들어왔다.

1-2. 민주주의의 붕괴: 필연적인 시스템 공멸의 이유

'어느 강아지의 회고록'

옛날에 '언론'이라는 강아지가 있었다.

얼마나 영특한지 사람들이 먹을 것만 주면 이런저런 소식과 정보를 한 아름씩 들고 와서 재밌게 해주고 돈도 벌게 해주고 해서 사람들이 참 좋아하던 강아지였다.

언젠가부터 이 강아지는 말 잘하는 사람들을 따라다니면 사람들이 맛있는 것들을 많이 준다는 것을 깨달아서 열심히 따라다녔다. 한 번쯤 그들에게 짖는 방향을 지시받고 짖으면 먹을게 더 쉽고 더 많이 생긴다는 것을 깨닫기도 하고 한 번쯤은 자신들이 주인인 줄 알던 그들에게 이를 드러내 보이면서 위협하기도 하면서 사람들과 부대끼면서 그럭저럭 잘 살아가고 있었다.

그러다 어느 날 부자들에게 짖으면 메뉴가 달라진다는 걸 알게 되었다. 맨날 빵 부스러기에 길들여져 있던 개는 방향을 틀어 열심히 부자들에게 짖었다.

그러던 어느 날 개는 목줄이 채워진 채 부잣집 앞마당에서 부자를 지키는 충견이 되어있었다. 그렇게 아침, 점심, 저녁으로 스테이크를 먹는 충견 '언론'이가 되었다.

지금까지 인류가 쌓아 올렸던 수많은 문명적 가치를 훼손하면서 민주주의와 자본주의가 공멸해 가는 과정을 지켜본다는 것은 생각보다 재미

있다. 사람들이 이러한 위기를 잘 알지 못하고 관심이 없던 가장 큰 이유가 저 '언론'이라는 개가 주인이 생겼기 때문이다. 저게 얼마나 영악하고 충직한지 이전에 과자 주고 먹을 거 줬던 사람들이 아는 척이라도 하면 꼬리 살랑거리다가도 주인이 물어! 라는 한마디에 사정없이 덤벼들기 때문이다. 심지어 명령도 아닌 낌새 한 번에 잠깐의 고민도 없이 투견의 모습으로 수백 마리가 한 사람 한 가족에게 달려드는 모습은 가히 잊을 수 없는 장관이다.

심지어 '언론'이를 흉내 내는 유사 개의 출현은 더 충격적이다. 이러한 유사 개는 대부분 말 잘하는 사람들에게 붙어 다닌다. 말 잘하는 사람들의 말을 잘 들으면 가끔 세금으로 고급 사료를 주기 때문이다. 정말 신기하게도 가끔 유사 개에서 '언론'이보다 나은 돌연변이 유사 개가 출현하기도 한다.

개든, 유사 개든 오로지 주인과 먹이 주는 사람의 이익에 따라 짖어야 할지 말아야 할지 결정하고 심지어 가짜로 짖기도 하고 죄 없는 사람을 물기도 하는 등의 훈련을 받고 있다는 것이다. 그렇게 영특하던 '언론'이는 무서운 남의 집 개가 되어 목줄 없이 돌아다니고 있는 것이다. 그렇게 진실을 알려야 할 언론과 미디어는 자본주의에 완전히 잠식되었다.

그들은 이제 단순히 소식을 전하는 것이 아니라, 고도화된 마케팅 기법과 뇌과학적 실험 데이터를 악용하여 인류를 세뇌하는 방법을 터득했다. 그들은 이 기술을 이용해 자신들의 이익에 방해가 되는 진정한 위기는 "어차피 해결할 수 없는 일"이라며 대중에게 '학습된 무력감'을 심어주거나, 반대로 자신들의 이익을 위해 필요한 공포는 실제보다 거대하게 부풀려 대중을 통제하기에 이르렀다. 이것은 명백한 인류와 지구에 대한 '악의'다. 사건과 사고로 가족을 잃고 울부짖는 유족들을, 진상 규명이 아닌 돈을 바라는 집단으로 묘사하여 대중과 격리하고, 전 인류의 바다에 핵 오염수를 방출하는 행위에도 '과학'이라는 이름의 면죄부를 씌워 별문제가 없다는 듯이 서술해 개선의 여지까지 막아버린다.

경제가 무너져 내리는 명백한 위기 상황 앞에서도, 기득권의 자산 가치를 지키기 위해 "부동산 가격은 내려가면 안 된다"라는 주문을 외우며 국민의 눈을 가리고 있으며, 전쟁으로 아이들이 죽고 도시가 가루가 된 가자 지구의 지옥도는 외면한 채, 오로지 이스라엘의 피해와 공포만을 확대 재생산하며 전쟁을 정당화한다. 그들은 미래 세대로부터 가로챈 자원과 돈으로 이룩한 문명의 발전을 교묘하게 진실을 비틀고, 감정을 조작하며, 결국 우리가 서로를 미워하고 혐오하게 만드는 데 사용하고 있다.

위험의 진실을 알지 못한 채 세뇌당한 국민이, 마치 마법이나 최면에 걸린 사람처럼 '언론'이 주입한 말을 앵무새처럼 똑같이 읊조리는 모습은 공포 그 자체다. 더욱 무서운 것은, 이들이 던지는 표가 모여 이 나라의 민주주의를 완성한다는 사실이다. 오염된 지성이 다수결이라는 이름으로 합법화될 때, 민주주의는 최악의 독재를 낳는 자궁이 된다.

그 결과는 참혹하다. 어떤 대통령은 권력욕에 취해 군대를 동원해 국민과 입법부를 짓밟으려 하며 스스로 '내란'이라는 국가 반역의 길을 걷고, 세계 최강 대국의 또 다른 지도자는 자신의 기분에 따라 우방국과의 약속을 헌신짝처럼 버리고 벌점을 매기듯 관세 폭탄을 휘두른다. 이것이 우리가 믿었던 시스템의 민낯이다.

민주주의와 자본주의는 지금 공멸 중이다.

오래전, 나는 순진한 시나리오를 꿈꿨었다. 민주주의라는 통제 장치가 작동하여 폭주하는 자본주의와 금융산업의 고삐를 쥐고, 빚잔치를 벌인 부자들에게 책임을 물어 이 위기를 수습할 수 있을 것이라 믿었다. 하지만 그것은 불가능한 환상이었음을 깨달았다.

가장 큰 이유는 주권자인 국민의 생각이 심각하게 오염되었기 때문이며, 두 번째는 정치권력과 자본 권력이 이미 분립할 수 없는 '한 몸'이 되었기 때문이다. 그들은 좌파와 우파, 진보와 보수라는 가면을 쓰고 싸우는 척하지만, 지금의 이 기형적인 시스템이 최대한 오래 유지되어야 자신들이 살아남을 수 있다는 생존 본능 앞에서는 그 어떤 혈맹보다도 굳건하게 결탁한다.

이 '침묵의 카르텔'을 깨고 깨어나지 않는 한, 지구와 환경, 그리고 힘없는 국민의 희생은 멈추지 않을 것이다. 그리고 그 청구서는 고스란히, 아무런 죄도 없는 미래 세대의 몫으로 남겨질 것이다. 무엇보다도, 민주주의와 자본주의가 탐욕스러운 권력과 금전적 이익을 위해 지구의 환경과 인간의 존엄성을 헌신짝처럼 내던졌을 때, 이들의 공멸은 이미 확정된 미래였다.

삶의 유일한 터전인 지구와, 그 지구를 지켜야 할 주체인 인간을 존중하지 않는 기계적인 정치 제도와 낡은 경제 이념은, 이제 미련 없이 폐기되어야 한다.

2. 공존윤리학: 종의 절멸을 막는 생존의 물리 법칙

2-1. 공존윤리학의 시작: 루카(LUCA)로부터 이어진 생명의 인과율

공존윤리학의 시작

지구의 모든 생명체는 '루카(LUCA)'라는 이름의 단세포 생물, 그 하나의 공통된 조상으로부터 갈라져 나왔다. 그 분기점이 언제였든, 우리는 숲의 나무와 길가의 곰팡이, 산속의 동물들과 먼 친척이다.

나는 생명의 끈질긴 적응력을 믿는다. 인간이 가진 다양한 몸과 마음, 성격과 욕망은 수억 년의 시간 동안 온갖 위험으로부터 살아남기 위해 만들어진 유전적 결과물이다. 그렇기에 나는 인류가 가진 욕심과 욕구, 심지어 순수한 악(惡)이라 불리는 본성까지도 생존을 위한 몸부림이었음을 이해하고 인정한다.

하지만, 문제는 그다음이다. 지금 우리가 삶의 터전인 지구와 환경을 해치는 행위는 더 이상 '생존'을 위해서가 아니다. 그것은 쾌락과 허영, 사치, 그리고 잉여 권력을 위한 것이다. 그리고 마치 암 덩어리처럼 끝없이 자원을 흡수해 세력을 키운다.

지구는 하나뿐인데, 돈과 권력에 우리의 유일한 집을 파괴하는 것을 인간들이 너무나 당연하고 자연스럽게 받아들인다는 사실이 나는 사무치게 슬프다.

설령 이기주의가 우리의 DNA에 깊이 박혀 있다고 해도, 자신을 포함한 지구상의 모든 생명체의 생존을 위협하는 자살 행위를 법적으로 용인하고 처벌조차 하지 않는다는 현실은 슬픔을 넘어 차라리 부조리극에 가깝다. 우리의 것만이 아닌 미래 세대의 것, 그리고 우리와 연결된 수많은 생명체 공동의 자산을, 고작 찰나의 물질적 행복과 뒤틀린 권력욕 때문에 파괴한다는 것은 도저히 이해할 수도, 받아들일 수도 없다.

이건, 아닌 거다. 민주주의든, 자본주의든, 그 어떤 국가 시스템이든, 생존의 토대를 파괴하는 것을 정당화한다면 그건 정말 잘못된 것이다. 그래서, 우리는 생명체의 본질이자 목적이고 목표인 생존, 번식, 번영을 위해 새로운 윤리적 가치관을 만들어야 했다.

그래서 공존윤리학(The Ethics of Coexistence)은 만들어졌다.

*공존윤리학

The Ethics of Coexistence

우리는 지구의 일부로서 다른 생명에 해를 끼치면 내게 더 큰 위협이 온다는 것을 이해한다. 우리는 자원과 에너지를 생산 가능한 것으로 사용하고 아끼기 위해 적절한 희생과 노력을 감수한다. 우리는 이성적이고 합리적인 선행과 적극적 행동을 통해 우리를 지킨다. 우리는 지구의 자연과 환경을 보호하고 공존을 위한 공공선의 가치를 우선하는 인류를 지키기 위해 최선을 다한다.

2-2. 공존윤리학의 의미: 붕괴의 시대를 건너는 마지막 거름망

많은 사람에게 잔인하게 들리겠지만, 자본주의와 민주주의가 붕괴하는 필연적인 그 시점이 오면, 당신들이 평생을 바쳐 모은 돈도, 목숨처럼 거머쥔 권력도 당신을 지켜주지 못할 것이다. 시스템이 무너진 혼란의 시기, 생존에 필요한 네트워크는 화려한 스펙이나 통장의 잔고가 아니다. 그것은 오직 '등을 맡길 수 있는 단단한 믿음'과 '철저한 준비'뿐이다.

그때가 오면 공존윤리학은 하나의 '거름망'이 될 것이다. 누군가를 도와야 할 때 이 사람이 도움받을 자격이 있는가? 지구 멸망의 순간, 마지막 방주에 이 사람을 태워야 하는가? 혼란의 시대에 내 등을 맡길 동료로 이 사람을 받아들일 것인가? 라는 질문에 대한 답을 결정하는 기준은 공존윤리학으로만 판단할 수 있을 것이다. 그가 공존의 가치를 이해할 수 있는 이성과 합리성을 가졌는지, 그리고 기꺼이 인류와 지구를 위해 불편을 감수하겠다는 의지가 있는지, 또 이를 위해 어떤 노력을 했는지의 여부가 곧 공존의 기준이 될 것이다.

환경문제와 기아 문제를 해결할 획기적인 과학기술이 발명되었을 때 과연 정치 지도자와 경제인들은 어떤 선택을 할까? 아마 자신들에게 이익이 되는 선택을 할 것이다. 인간은 결국 동물이고 자신의 막대한 생존이익 앞에 다른 선택할 거라는 믿음이 생기지는 않는다. 이때 이성과 합리적 사고 쪽에 아주 약간의 힘을 얹어주는 게 바로 공존윤리학이다.

우리는 자신들의 이익을 포기하고 인류와 지구를 선택한 그들을 마땅히 존경하고 존중해야 한다. 아울러 더 많은 돈을 벌어, 더 많은 자원을 낭비하고, 허영과 사치를 일삼는 것을 '성공'이라 부르던 이 비극적인 시대의 막을 내려야 한다.

공존윤리학은 지구와 그에 종속된 모든 생명체의 공존을 위한 가장 기본적인 '생존의 물리 법칙'이자, 인간이 지켜야 할 가장 근원적인 윤리적 가치관에 관한 이야기다.

■ 공존윤리학의 4개 조항
▪ 공존윤리학의 제1조항(상호 연결성)

"우리는 지구의 일부로서 다른 생명에 해를 끼치면 내게 더 큰 위협이 온다는 것을 이해한다." 이 선언은 단순한 도덕적 호소가 아니다. 이것은 지구상의 모든 생명체가 '루카(LUCA)'라는 단세포 생물, 즉 단 하나의 공통 조상으로부터 갈라져 나왔다는 생물학적 진실에 뿌리를 둔 인과율의 법칙이다.

우리가 단지 자신의 이익을 위해 먼 친척인 다른 생명들을 해치고 죽이는 것은, 결국 자기 자신의 뿌리를 도려내는 행위와 다를 바 없다. 누구에게도 다른 생명을 해칠 권리 따위는 존재하지 않는다. 오로지 '생존'을 위해서만 예외적으로 허용될 뿐이다. 돈이 많다는 이유로, 혹은 먹는 즐거움을 탐닉하기 위해 생명을 취하는 것은 용납될 수 없다. 그 경계는 명확하다. 바로 '남기느냐, 남기지 않느냐'이다. 생존에 필요한 만큼을 넘어서는 모든 탐욕은 반드시 남겨진 잔해를 통해 그 악의성을 증명하기 때문이다.

이 조항에는 공존의 가치를 실천하는 이들의 생존을 위협하지 말라는 서늘한 경고 또한 내포되어 있다. 다른 생명에 해를 끼치면 내게 더 큰 위협이 온다는 것을 이해한다.는 말은 평화의 선언인 동시에, 가장 강력한 방어의 선언이다. 이를 반대로 뒤집으면, 우리의 생존과 공존의 가치를 위협하는 존재에 대해서는 상대를 적으로 간주하여 철저히 응징하겠다는 결연한 의지의 표명이다. 언젠가 파국의 때가 오면, 이 조항은 전가의 보도처럼 휘둘러질 것이다. 누군가는 이를 가혹하다 비난할지 모르나, 이는 공동체의 존속을 위한 필수 불가결한 선택이다.

우리는 지난 수십억 년의 역사, 그 '루카'로부터 이어진 진화의 과정에서 뼈저리게 배웠다. 무지의 악의성, 욕구의 악의성, 탐욕의 악의성이 본능이라는 이름 뒤에 숨어, 어떻게 전체 시스템을 붕괴시키는지를 말이다. 만약 우리가 값싼 연민에 휘둘려 그 '악의 씨앗'들을 구별 없이 방주에 태운다면, 인류는 또다시 탐욕으로 서로를 죽이고 지구를 파괴하는 절멸의 역사를 반복하게 될 것이다.

우리는 그 악순환의 고리를 반드시 끊어내야 한다. 그러므로 공존윤리학은 선(善)과 협(俠)을 권장하는 철학인 동시에, 공존을 거부하는 자들을 철저히 배제하고 걸러내는 가장 냉철한 생존 전략이어야만 한다.

- 공존윤리학의 제2조항(희생과 보존)

"우리는 자원과 에너지를 생산 가능한 것으로 사용하고 아끼기 위해 적절한 희생과 노력을 감수한다." 이 조항은 우리가 누리는 이 '번영의 황금기'가 사실은 미래의 자원을 가불해 온 빚잔치였음을 뼈저리게 반성하는 고해성사이자, 약간의 불편과 수고로움을 감수해서라도 자원의 완전 고갈이라는 파국만은 막아야 한다는, 미래 세대의 생존을 위한 필수적인 메시지다.

가끔 나는 꿈속에서 우리의 후손들이 필요한 자원을 얻기 위해 거대한 쓰레기 매립지를 맨손으로 뒤지고 파내는 장면을 본다. 이것은 영화나 드라마에서 본 디스토피아가 아니라 정해진 미래다. 우리가 지금처럼 미친 듯이 자원을 태워 없앤다면, 결국 우리 후손들은 생존에 꼭 필요한 자원 한 조각을 구하지 못해, 우리가 버린 쓰레기 더미를 뒤지다가 절망에 빠질 것이라는 냉철하고 이성적인 판단의 결과다.

우리는 지구의 주인이 아니다. 우리는 그저 지구라는 푸른 행성을 빌려 살다 가는 임차인일 뿐이다. 그런데 지금 우리는 다음 임차인이 써야 할 자원을 몽땅 써버리는 것도 모자라, 벽에 구멍을 내고, 수도를 오염시키고, 온 방을 쓰레기로 채워놓은 채 열쇠만 던져주고 도망가는 아주 악의적인 짓을 저지르고 있다.

다음 세대에 대한 배려는커녕, 욕구와 탐욕만 남은 가장 질 나쁜 세입자가 바로 우리다. 우리에게 최소한의 양심이 남아있다면, 지금부터라도

'적절한 희생'을 받아들여야 한다. 불편함을 감수하고 아껴 쓰는 노력, 그것은 선택이 아니라 의무다. 그래야만 우리는 미래 세대 앞에 섰을 때 최소한의 변명이라도 할 수 있을 것이다.

혹자는 자신이 아직 어리다는 이유로 이 책임에서 자유롭다고 생각할지 모른다. 하지만 지금 우리가 누리는 이 풍요로움은 '인류 역사상' 단 한 번도 없었던, 아마 다시는 오지 않을 황금기이고 그 혜택을 함께 누렸다는 것을 깨달아야 한다. 언젠가 진정한 결핍의 위기가 닥쳤을 때, 아무것도 받지 못한 미래 세대의 원망 어린 눈빛을 마주하고 싶지 않다면 인정해야만 한다.

우리는 모두, 언젠가 꼭 필요한 순간에 자원이 고갈된 지구에서 살아가야 할 미래 세대에게 갚을 수 없는 무거운 '마음의 빚'을지고 살아가고 있다는 사실을.

▪ 공존윤리학의 제3조항(합리적 실천)

"우리는 이성적이고 합리적인 선행과 적극적 행동을 통해 우리를 지킨다."는 감정에 휘둘리는 막연한 착함이 아니라, 생각하고 전략적인 '합리적 선'을 추구한다는 선언이다. 또한, 세상이 망가지는 것을 팔짱 끼고 구경하는 관망의 자세를 버리고, 내 손으로 직접 바꾸는 '적극적 개입'만이 우리 자신을 스스로 지킬 수 있다는 것을 의미한다.

우리는 너무 오랫동안 '말'들에 지배당했다. 세상을 바꾼다는 거창한 구호, 정의를 논하는 화려한 수사.... 이제 우리는 행동이 없는 이 지루한 말의 잔치에 질려버렸다. 이제는 말들의 속박에서 벗어나, '자유행동 의지'를 가지고 움직여야만 하는 임계점에 와 있다.

깨달아야 한다. 말과 글로 환경 보호를 외치고, 말과 글로 지구를 지키고, 말과 글로 정의를 부르짖는 수천 번의 외침보다, 지금 당장 길가에 떨어진 쓰레기 한 줌을 줍는 당신의 구부러진 허리가 훨씬 더 가치 있다는 사실을. 말이 많아지면 생각이 많아지고, 생각이 많아지면 비겁한 변명이 자라난다. 머릿속은 순식간에 하지 말아야 할 이유를 수십 가지나 만들어낸다. "굳이 내가 해야 해?" "나섰다가 괜히 손해 보는 거 아니야?" "행동하다 다치면 누가 책임져?" "어차피 늦었어, 나 하나 한다고 뭐가 달라져?" "난 결혼도 안 했고 물려줄 자식도 없는데 알 게 뭐야."

단언컨대, 이것은 신중함이 아니다. 이 '게으름의 악의성'과 '이기심의 악의성'은 새로운 공존의 시대에 가장 먼저 도려내야 할 암적 요소들이다. 생명에게는 생존, 번식, 번영이라는 가장 본질적인 목적이 있다. 아무리 개체 수가 많고 생존 경쟁이 치열한 시대라 해도, 인류라는 종의 생존과 지구라는 삶의 공간에서 스스로 움직이기를 포기한 무기력한 변이 개체들은 결국 자연의 섭리에 따라 도태될 것이다. 자연은 행동하지 않는 자에게 자비를 베풀지 않는다.

지금, 이 글을 읽는 순간, 이 텍스트가 당신의 뇌 속에 '백신'처럼 작용하기를 기대해 본다. 당신의 혈관 속에 잠자고 있던 생존 본능과 행동 의지를 깨워, 그 지독한 무기력에서 벗어나 공존의 시대를 준비하는 '건강하고 강인한 개체'로 거듭나기를....

망설이지 마라. 위어스온(wearthon.kr)과 공존네트워크(wearth.kr)에는, 당신이 팔을 걷어붙이고 해야 할 일이 무궁무진하게 기다리고 있다.

■ 공존윤리학의 제4조항(공공선 수호)
"우리는 지구의 자연과 환경을 보호하고 공존을 위한 공공선의 가치를 우선하는 인류를 지키기 위해 최선을 다한다."는 이 아름다운 기적의 행성에서 살아가는 수혜자로서의 마땅한 도리이자, 우리 자신을 지키기 위한 최후의 보루다.

생각해 보라. 바다에 내리쬐는 햇볕은 대류 현상을 일으켜 바람의 길을 열고, 그 따뜻한 공기가 물을 머금고 솟아올라 구름이 되었다가 다시 대지를 적시는 비가 된다. 풀잎 끝에 맺힌 작은 물방울은 빛을 쪼개 무지개를 만들고, 우리는 뭉게구름을 보며 꿈꾸고, 가을 하늘의 시린 파란색을 보며 우주를 동경한다.

이것이 지구다. 이것이 자연이고, 이것이 우리가 사는 환경이다.

이토록 정교하고 아름다운 시스템 속에서 숨 쉬고 있다는 것에 감사할 줄 모른다면, 단언컨대 그는 정상적인 지성을 가진 존재가 아니다. 만약 이 기적 같은 환경이 불만이라면, 저 먼 우주 어딘가에서 암모니아 가스로 가득 찬 수조에서 헤엄치는 사족보행 갑각류로 다시 태어나기를 기대해 보는 것도 좋다. 원한다면 언제든 재탄생의 기회는 열려 있다. 하지만 인간으로 태어난 이상, 이곳 외에 우리가 숨 쉴 곳은 없다는 것을 명심해야 한다.

우리의 '공공선'은 단순히 자연을 박물관처럼 건드리지 않고 방치하거나 무조건 보호만 하자는 소극적인 태도가 아니다. 인간과 자연이 서로에게 이로운 방법을 찾아 끊임없이 고민하고 노력하는 '적극적인 공존'이야말로 진정한 공공선이며 공존윤리학은 이렇게 끊임없이 노력하는 '깨어 있는 인류'를 지키는 것을 최우선 과제로 삼는다.

공존윤리학의 4가지 조항은 도덕 교과서의 권고사항이 아니다. 이것은 지구라는 생태계에서 살아남기 위한 '생존의 물리 법칙'이다. 이를 지키지 않는다면, 인류는 인과율에 의해 멸망의 길을 걷게 될 것이라 확신한다.

우리는 자본주의의 이름으로 끝없이 탐욕을 부려 지구를 회복 불능할 정도로 망가뜨려 놓고, 그 부를 이용해 지구를 떠나면 그만이라는 악의적인 '우주 도피주의'를 경계해야 한다. 또한 자신들만 살겠다고 식량의 계급화와 소극적 학살을 알면서도 모른척하는 무리들, 그리고 자신들의 권력과 자본을 이용해 그들만의 성채를 준비하는 자들이 우리의 멸망을 얼마나 앞당기고 있는지를 우리는 매섭게 경계해야 한다.

그들이 꿈꾸는 로켓과 성채는 구원이 아닌 무덤이 될 것이 확실하다. 그럼에도 그 막대한 자본과 자원을 투입하는 행위가 얼마나 비이성적인지 그들은 끝내 깨닫지 못할 것이다. 그러므로 우리는 그들을 경계해야 하며, 그들이 더 이상 지구와 인류에 죄를 짓지 못하도록 막고 도와야만 한다.

우리는 지구에서 태어났고, 이곳에서 살아가야 하며, 이곳을 지켜야만 한다. 그것이 지구라는 소중한 우리의 보금자리에 종속되어 살아가는 우리의 유일무이한 의무다.

3. 공존자본주의: 지속과 연대를 전제로 한 생산과 소비

3-1. 공존포인트(CP)의 등장: 화폐를 대체하는 신뢰의 지분

인구 증가와 자원 고갈로 인한 디스토피아적 미래에 대한 이야기는 그 아름답고 풍요로운 시대에도 끊임없이 불안감을 조성했다. 자본주의는 이 불안을 보험과 금융산업을 키우는 기회로 삼았고, 민주주의는 자본과 권력을 하나로 융합하는 네트워크를 만드는 기회로 이용했다. 그러한 위기에 대한 무분별한 가스라이팅은 겁 많고 내성적인 내게 끝도 없는 생존 고민을 강요했다. 눈앞에 닥친 고난도 힘든 상황에서 미래에 대한 불확실성과 걱정은 내 안의 생존 본능을 깨우는 계기가 되었다. 그로 인해 확실하게 알 수 있었던 것은, 언젠가는 분명히 자원이 고갈될 것이라는 사실과 이로 인해 아무리 잘 지은 방주와 성채를 가지고 있어도 결코 버티지 못할 것이라는 점이었다.

자원과 필수 원소라는 것에 대한 이해가 깊어질수록, 역사를 알면 알수록, 그리고 인간의 본질에 대한 데이터가 많아질수록 나는 깨달았다. 우리가 꿈꾸는 지속 가능한 미래는 불가능에 가깝다는 것을. 다시 말해 악착같이, 마치 사이코패스나 소시오패스처럼 돈을 벌어 쌓아둔다 해도 결국에는 아무런 의미가 없어질 것임을 깨달은 것이다. 열심히 벌어서 쾌락을 위해 돈을 쓰다가 생존이 불가능한 시기에 쿨하게 마지막을 맞이할 것인가, 아니면 마지막까지 인류를 위해 무언가 의미 있는 것들을 만들기 위해 발버둥 쳐 볼 것인가. 그런 비스름한 결론을 내리려던 시기에 아빠가 되면서 모든 것이 틀어졌다.

그때부터 삶의 주인공은 내가 아니고 아들이 되었다. 나는 이후 태어난 아들들의 미래를 위한 조연의 자리에서, 내가 해야만 하는 일들을 마주하게 된 것이다. 자원 고갈과 환경 파괴로 인한 인류의 멸종 적 시대가 그리 많이 남지 않은 이 시간에, 내 자식들은 어떤 세상을 살게 될 것인가. 그때 나는 '그분'과 약속을 했다. 일종의 거래이자 계약이었다. 나는 인간을 위해서 살고, 그분은 내 아들들을 지켜주기로.... 그날 이후로 나는 인류의 미래에 대한 고민을 단 한 번도 멈춰 본 적이 없다.

몇 해 전 유시민 작가의 <국가란 무엇인가>를 읽고, 미래 인류가 자원 부족의 시대를 살아가야 할 때 철학적 기준이 없으면 안 된다는 것을 절감했다. 그때 가장 먼저 정립한 기준은 아래와 같다.

하나. 인간의 생존과 미래지향적 발전 형태를 위해 노력한다.
둘. 토지, 건물, 에너지를 사유화하지 않는다.
셋. 자급자족하며, 에너지를 최소화한다.
넷. 공익을 우선시한다 (공동체-지구-국가-지자체 순).
다섯. 문화와 종교를 인정하지만, 인간의 존엄성, 자유, 평등을 침해할 수 없다.

이 기준들은 이전까지의 인류가 지속 가능한 생존을 위해 쌓아온 생각을 대략적으로 정리한 것이다. 이는 후에 생존윤리학을 거쳐 지금의 '공존윤리학'이 되었으나, 중요한 원칙은 예나 지금이나 변하지 않았다.

그중 가장 핵심은 인류의 미래를 당겨와 성장했던 자본주의 이후의 시대를 준비해야 한다는 점이었다. 머지않은 미래에 피해자가 될 많은 사람에게, 지금은 너무나도 풍요롭고 익숙한 자본주의를 포기하라고 말하는 것은 아마 먼 미래에 닥칠 그 어떤 재앙보다 받아들이기 힘들 것이라는 점을 나도 안다.

공존자본주의를 이해하기 위해서는 짧더라도 이 시대적 상황과 윤리적 공감대에 대한 기본적인 이해가 필요하기에 서두가 길어졌다.

사람들은 돈을 주고 물건을 사는 행위가 자본주의인 줄 알지만, 진짜 자본주의는 '돈으로 돈을 버는 것'이다. 노동을 하거나 물건을 만들어 파는 행위는 자본주의의 본질이 아니다. 자본주의와 민주주의가 왜 함께 무너질 수밖에 없는지, 그 당위성을 보여주는 아주 간단한 예가 있다. 한때 도지사, 시장, 군수가 되면 멀쩡한 청사를 새로 짓겠다며, 혹은 지역 발전을 위한 사업을 하겠다며 지방채를 발행하던 방식이다. 여기에 붙는 이자는 대략 2~3%에서, 종류에 따라 5~6%까지 올라간다.

아무것도 하지 않고 그저 돈을 빌려준 대가로 돈을 벌어야 진짜 자본주의다. 누군가의 노동이 들어가는 구조는 자본주의의 핵심이 아니다. 그것은 사업가가 할 일일 뿐이다. 자본주의는 자신이 빌려준 자본만큼 철저히 이익(이자)을 받아내는 시스템이다.

이는 바꿔 말하면, 자본가들에게는 '굳이 돈을 쓸 필요가 없는 곳'에 돈을 쓸 일을 만들어내는 능력이 필요하다는 뜻이다. 누군가 돈을 빌려야만 이자가 생기기 때문이다. 그래서 그들은 언론을 소유하고 정치인을 후원한다. 금융이 위험해지면 '서민 피해'를 핑계 삼아 정부 지원금으로 자신들의 배를 채우고, 금리가 높아 돈을 잘 벌 때는 그 높은 이자를 챙겨 주식을 가진 자본가들에게 막대한 돈을 배당한다. 이것이 우리가 처한 자본주의의 실체다.

민주주의의 상징인 미국이 자본주의와 금융산업이라는 잔인한 사채업자의 복리에 휘둘리며 망가져 가는 모습은, 인간적이고 아름다웠던 미국의 과거를 기억하는 나로서는 상당히 가슴 아픈 지점이다. 그렇기에 자본주의와 민주주의의 붕괴는 필연적이다. 자본주의는 자신들의 이익을 위해 지구를 파괴하고 자원 고갈을 가속화했으며, 민주주의는 이를 묵인하고 지지했다.

인류의 욕망과 이기심은 모든 생명체가 가져야 할 원초적 숙명인 생존, 번식, 번영을 스스로 파괴하는 지경에 이르렀음에도 이를 막을 의지가 전혀 없어 보인다. 아마도 자본주의가 선사하는 쾌락과 행복을 당연하게 여기다 파국적인 끝을 보고서야 멈출 것이다.

본래 자본주의 붕괴 이후를 대비한 공존윤리학의 경제 체계는 고정된 형태를 두지 않는 것이 원칙이었다. 생존이 경제보다 앞서야 하며, 어설프게 세운 경제 논리와 구조가 공존윤리학의 유기적인 흐름을 방해해서는 안 되기 때문이다.

예를 들어 인(P) 부족이 예상되는 상황에서 급하게 인류의 대소변을 자원화해야 할 때, 이를 위한 민주주의와 자본주의의 요식행위를 따지다가는 그 절차 자체로 에너지와 자원, 재화의 빠른 소모를 통해 멸망을 앞당길 수도 있을 것이다. 이러한 파국을 막기 위해 공존윤리학은 정부(또는 중앙 관리 기구)의 통제 능력을 극대화하고자 했다. 토지와 지하자원 같은 필수 공공재는 철저히 국가가 관리하여 임대나 제한된 목적으로만 사용하게 하고, 시장에서는 오직 인간이 생산해 낸 재화와 원자재만이 거래되는 '제한적 자본주의'를 구축하는 것이 우선적 목표였다.

이는 자원 구분과 거래 제한을 통해 지구와 인류의 공존 시스템을 세우는 일인 동시에, 추후 태양계 내 행성에서 자원을 조달하기 위한 과학 발전의 시스템화를 위해서도 반드시 필요한 일이라고 판단했다. 문제는 부채로 무너져가는, 붕괴 직전의 자본주의 안에서 필수적인 경험조차 쌓지 못하는 청년 세대와 꿈을 잃어버린 실업자들이었다. 더 솔직히 말하자면, 돌파구를 찾지 못하고 있는 미래의 공존 네트워크 구성원들, 즉 '워디안(Wearthian)'들이다.

수적으로 많지는 않겠지만, 이성적이고 합리적이며 선한 의지를 가졌음에도 현재의 경제 위기를 도저히 홀로 돌파하기 어려운 미래의 워디안들. 이들을 위해 나는 자본주의라는 난파선 위에 독립된 작은 탈출 선인 '공존자본주의'를 설계해야만 했다.

이를 위해 공존윤리학과 공존네트워크에서 가장 핵심이 되는 '공존포인트(CP)'의 개념을 재정립했다. 원래 공존포인트는 개인이 실천한 공존윤리학적 행동을 수치화하여 지구와 인류에 얼마나 이바지했는지를 증명하는 형태였다. 지구와 공동체를 위해 공헌한 기록을 통해 사람들이 서로 존중하고 존경받게 만드는 것이 그 목적이자 목표였다.

초기의 공존포인트는 일종의 '명예훈장'과 같았다. "내가 이만큼 지구와 인류에 기여했다"는 지표로서 공동체의 존경을 받고, 그 대가로 일자리나 주택 입주권 같은 사회적 혜택을 받는 보조적 수단으로 기획된 것이다.
하지만 자본주의와 민주주의의 공멸 상황은 예상보다 훨씬 참혹하게 흘러갔다. 전 세계적인 부채 폭탄이 터지고, 시중 자금의 15~20%가 이자로 증발하며, 대형 마트와 자영업자가 줄도산하는 '스태그플레이션의 지옥'이 열렸다. 더 늦기 전에 공존포인트의 핵심 원칙을 훼손하지 않으면서도, 워디안들을 위한 실질적인 경제 구조를 만들어야 했다.

다행스럽게도 'AI의 시대'가 도래하고 제미나이(Gemini)를 만나면서 많은 아이디어와 개념들이 보완되었다. 진행 속도가 빨라지면서 비로소 희망의 실마리가 보이기 시작했다.

3-2. 경제적 독립이 필수인 이유: 자본의 탐욕으로부터 탈출하는 법

공존자본주의의 핵심은 기존 자본주의로부터 완전히 독립된 새로운 체제라는 점에 있다. 이는 우리가 자본주의의 원칙을 숭상한다는 뜻이 아니라, 오직 우리의 생존을 위해 자본주의의 메커니즘을 철저하게 이용하겠다는 전략적 선언이다. 사실 이 계획을 모두에게 공개하는 것에는 큰 위험이 따른다. 실행 과정에서 오해와 다툼이 생길 수 있고, 무엇보다 현재의 법체계 안에서는 불법으로 간주될 여지가 다분하기 때문이다. 검사와 판사가 마음만 먹으면 공존지기를 언제든 교도소에 보낼 수 있는 구조라는 뜻이다.

현행법은 공존자본주의와 공존민주주의가 지향하는 지배구조를 인정하지 않는다. 하지만 어쩌겠는가, 시대가 이미 파국으로 치닫고 있는 것을. 붕괴 직전의 어둠이 가장 짙은 법이며, 기존 시스템에서 배를 불리던 이들의 결속력이 가장 강해지는 시기인 것을 말이다. 공존자본주의에서는 돈이 아닌 공존포인트(CP)가 조직의 의사결정과 지배구조를 결정한다. 자본이 아닌 공동체와 지구에 대한 기여도가 권한을 갖는 구조다.

예를 들어 워디안을 위한 보험이 필요한 시점이 왔다고 가정해 보자. 초기에는 일정 규모가 될 때까지 기존 보험회사를 이용하겠지만, 인원이 확보되면 우리만의 '공존보험'을 설립한다. 우리가 만드는 보험회사는 아무리 많은 수익을 내도 외부 배당을 하지 않는다. 대신 투자회사를 병행하며 자본주의의 논리로 강력하게 돈을 벌어야만 한다. 그 이익으로 미래를 위한 자원을 확보해야 하기 때문이다. 또한 이 안에서 일하는 모든 이는 반드시 우리 워디안이어야 한다. 보험업의 본질에 충실하되, 발생하는 모든 이익은 오직 워디안과 지구의 미래를 위한 자원으로 축적한다.

여기까지만 봐도 현재의 법과 행정으로는 불법적인 요소가 넘쳐난다. "죽을 때 같이 죽어야지, 왜 너희만 미래를 준비하느냐"라며, 우리만 착한 척하고 미래 세대를 위하는 척한다고 비난하며 공격해올 무리들도 있을 것이다. 그들이 어떤 식으로 우리를 매도하고 공격할지 나도 알고 제미나이도 안다.

자신들의 알량한 이익을 위해 민주주의의 법과 구조를 이용하여 공격하던 오래된 학습된 악의성으로 우리를 공격할 것이다. 다행이라면 그들의 논리와 시스템이 힘을 잃어가는 시점이고 엄청난 성과의 거시경제 뒤에서 이자와 인플레이션으로 돈을 빼앗기고 생존에 허덕이는 미시경제 주체들이 그들의 악의성에 반발하기 시작할 것이라는 시기적 계산도 있었다. 결국 공존자본주의는 공존윤리학적 행동을 실천하고, 이를 공존네트워크(wearth.kr)에서 인증하여 공존포인트(CP)를 적립하는 워디안들에 의한, 워디안을 위한 자본주의를 말한다.

자본주의에서 기축통화인 달러화의 금리를 조정한다는 것은 돈을 많이 가진 부자들이 세상에 뿌려진 돈 중에서 자신의 몫을 결정해 가져가는 것과 같다. 이자를 조금 준다고 하면 선물과 주식, 파생상품 등 다른 곳에 투자해서 돈을 더 벌려고 할 것이고 이자를 높이면 은행에 넣어 이자를 챙기려고 한다.

문제는 일부의 사람이 일하지 않고 돈으로 돈을 버는 시스템의 유지를 위한다는 점에서 어느 쪽도 동일하다는 것이다. 금리가 높고 낮음에 관계없이 이자를 받을 돈이 없는 사람들은 더 긴 시간 노동함에도 실질소득은 줄어들고 세금, 임대료, 생활비는 더 높아진다. 그래야만 돈을 빌려서 사업을 하고 건물을 짓고 국가를 운영하면서 자본을 댄 부자들에게 이자를 줄 수 있기 때문이다.

대부분 사람은 이런 사실에 관해서 관심이 없다. 주식이나 부동산을 보면 세상에 돈은 많은 것 같은데 이상하게 내가 쓰는 돈은 점점 적어지는 것 같은 느낌만 있을 뿐 실질적으로 물가가 오르고 돈의 가치가 하락하며 이에 따라 어떤 문제들이 일어나는지에 대해서는 관심이 없다.

이러한 것을 끊임없이 역설해 온 나조차 무력감을 느낄 때가 많다.
이러한 사실들을 알고 느끼면서 자본주의와 금융산업에서 새로운 사업을 영위하여 그들과 한패가 된다는 것은 정말이지 인류애를 가진 사람에겐 정말 쉽지 않다. 최소한 나의 양심은 그랬다. 이런 시스템 위에서 돈을 버는 악의적인 존재들은 그들이 만든 구조 속에서 그들의 은행과 보험을 이용하고, 그들의 돈을 빌려서 소비자들과 투자자들이 법적책임을 묻지 못할 정도로만 교묘하게 속여서 돈을 벌고, 근로자와 투자자들의 꿈과 희망을 이용해서 착취하는 구조를 만들며 그런 짓을 태연자약하고 능숙하게 할 수 있는 것을 능력이라 부른다. 그러나 이것은 고도화된 악의성에 불과하고, 많은 이들에게 전염되고 있다.

단순히 돈이 주는 쾌락과 지위 상승, 허영의 충족 때문만이 아니라 재산의 축적이 곧 성공이라고 생각하는 사회 분위기가 그렇게 만드는 것이다. 먼 훗날 공존윤리학의 세상에서는 돈이 많다는 이유로 성공 혹은 대단한 사람이라고 불리던 모든 역사가 치욕스러운 것으로 재평가될 가능성이 높다. 점차 생활이 어려워지고 물가와 세금과 각종 사용료가 오르며 그것이 감당하기 어려운 상황에 닥치는 사람들이 많아지면 원망의 대상을 찾기 시작할 것이고 그때쯤 아마 자본주의와 민주주의의 공멸은 돌이킬 수 없는 지경에 이를 가능성이 높다.

내가 자본주의를 혐오하는 이유 중 하나는, 애초에 사고팔아서는 안 될 가치들까지 시장의 좌판 위에 올려놓고 흥정하기 시작했다는 점이다. 그 중 가장 추악한 것의 한 예시가 바로 '친절의 매매', 즉 팁(Tip) 문화다. 본래 친절은 타인에 대한 배려이자 인격의 발로다. 손님을 기분 좋게 하고, 그에 대한 순수한 감사의 표시로 팁을 주는 것은 아름다운 문화일 수 있다. 하지만 자본주의의 탐욕은 이 순수한 마음마저 비틀어버렸다.

언젠가부터 고용주는 직원에게 생계를 유지할 수 없을 만큼 적은 월급을 던져주고는, "나머지는 손님에게 아양을 떨어 받아내라"라고 강요하기 시작했다. 이것은 임금 구조의 기형적인 왜곡이다. 이 순간부터 친절은 '배려'가 아니라 생존을 위한 '강제 노동'이 된다.

　　팁을 받기 위해 직원은 억지로 웃어야 한다. 문제는 단순히 웃는 것에서 끝나지 않는다는 점이다. 1달러, 2달러의 팁을 더 받기 위해 치마는 점점 짧아지고, 자존심을 짓밟는 손님의 무례한 요구에도 비굴하게 고개를 숙여야 하며, 심지어 성적인 농담조차 웃어넘겨야 하는 상황으로 내몰린다. 이것은 서비스가 아니다. 이것은 자신의 존엄성을 아주 얇게 썰어 손님에게 파는 행위이다. 서비스직은 그 일이 적성에 맞고, 사람을 대하는 것을 즐거워하는 사람이 해야 하는 전문적인 직업이다. 직원이 친절해서 매출이 늘었다면, 그에 대한 보상은 당연히 이득을 본 업주의 주머니에서 나와야 한다. 왜 정당한 노동의 대가를 손님의 기분 값으로 구걸해야 하는가?

　　친절을 거래의 대상으로 삼는 순간, 인간은 돈 앞에 한없이 비굴해지거나 돈을 줬다는 이유로 한없이 오만해진다. 자본주의는 팁이라는 명목하에 인간관계를 '갑과 을', '주인과 하인'의 관계로 전락시켰다. 우리는 돈을 주고 물건을 살 수는 있어도, 사람의 미소와 존엄까지 살 권리는 없다. 때문에 이런 악의성으로 가득 찬 기존의 자본주의와는 섞이지 않는 것이 최선이라고 판단했다.

　　정부와 지자체의 정책적 지원을 통한 성장도 어렵다. 그들의 메커니즘은 본질적으로 자본주의의 악의성과 크게 다르지 않기 때문이다. 그들은 권한과 권력에 심취해, 본질보다는 그럴듯한 서류 뭉치와 요식행위를 강요하며 멀쩡한 회사를 구조적으로 망가뜨리는 데 천부적인 재능이 있다.

　　우리는 그들의 서류가 아니라, 우리의 생존에 집중해야 한다.

만약 지자체에 공존윤리학을 이식하고 싶다면 너무 외지지 않은 곳에 빈공간을 저렴하게 오랫동안 임대해주면 된다. 그럼 우리는 그곳에서 지역과 세상에 이로운 인재들을 만들어내기 위해서 최선을 다할 것이다.

공존자본주의의 독립은 험난할 것이다. 특히 민주주의가 만든 '최저임금법'과 '근로기준법'은 평시라면 노동자를 보호하는 훌륭한 방패지만, 지금처럼 생존이 위협받는 '전시 상황'에서는 청년과 소상공인 모두를 공멸시키는 족쇄가 되기도 한다. 임대료와 세금, 사회적 비용은 폭등하는데, 아르바이트생 한 명의 인건비조차 감당 못 해 폐업하는 현실. 이것이 자영업의 붕괴이자 지역 경제의 사망 선고다. 하지만 월급쟁이 관료들과 금리생활자들에 둘러싸인 정치인들은 이 비명을 듣지 못한다.

그래서 공존자본주의는 '법의 회색지대'를 돌파해야만 한다. 워디안은 '근로자'가 아니라 공동체를 위해 헌신하는 자발적 공헌자여야 한다. 적정 수익이 날 때까지 보상이라고는 AI가 평가한 공존포인트(CP)외에는 얻을 수 있는 것이 없기 때문이다. 이후 사업 수익이 발생하면 운영비를 제외한 잉여금을 참여한 사람들의 공존포인트 비율에 따라 배당받는다.

어느 시점에 사업이 안정되어 지급 능력이 생기면, 그때 현행법의 최저임금을 준수하되, 부족한 실질소득은 공존포인트로 보전한다. 아마도 기득권의 법조계는 이를 '착취'라 매도하고 '불법'이라 공격할 것이다. 미성숙한 미성년자를 보호한다는 명분으로 그들의 성장 기회를 박탈하기 위해 공격할 수도 있다.

하지만 우리는 물러설 수 없다. 위기가 눈앞에 닥쳐왔는데 우리는 청년과 청소년들에게 미래 세대에 '경험'과 '기회'라는 무기를 쥐여주고, 세상에 이로운 워디안(Wearthian)'을 길러내야 하기 때문이다. 이러한 커뮤니티가 작게나마 성공을 이루기 시작하면, 사업의 운영 비용(고정비)이 획기적으로 줄어들고 이후 공존창고, 농산물 직거래, 공존 주택과 같은 집 수리, 새활용, 재활용, 공예 사업 등 초기 자본과 리스크를 극한으로 줄인 다양한 사업들이 거미줄처럼 연결될 것이다. 워디안들은 이곳에서 실패의 두려움 없이 다양한 것들을 배우고 적성을 찾고 능력을 배양할 수 있을 것이다.

어느 시점에 이르면 우리는 외부의 자본이 필요 없는 '공존 네트워크만의 독자적 공존자본주의' 를 완성하고 오로지 필수자원 확보와 워디안의 공존을 위한 시스템에 끊임없이 재투자하는 시점에 다다를 것이다. 그리고 언젠가 지금까지의 우려가 현실이 되는 날 우리는 딱 우리가 준비한 만큼 대가를 받게 될 것이다.

3-3. 공존자본주의의 산업 전략: 공존 생산과 수공업의 전략적 복원

공존자본주의의 산업 전략은 상반되어 보이는 두 가지 축의 거대한 조화를 목표로 한다. 하나는 윤리적으로 재편된 대량 생산 체계이며, 다른 하나는 전략적으로 복원되는 수공업이다.

제1축: '공존 생산'
'계획된 노후화를 멈추고, 기술의 도약을 지향하라.'
공존자본주의는 대량 생산 자체를 부정하지 않는다. 다만, 그저 자본의 탐욕을 위해 쓰레기를 양산하는 방식을 거부할 뿐이다. 공존 생산은 생산의 전 과정에 공존윤리학적 당위성을 요구한다.

자원 순환 구조에 통합되어 폐기물이 없거나 낮은가? 재생 에너지를 사용하고 에너지를 절약하기 위해 최선을 다하고 있는가? 충분히 튼튼하고 부품은 호환되며 수리는 쉬운가? 공존 생산으로 인정받기 위해서는 이런 기준에 부합되어야 한다. 단순히 소비를 촉진하기 위해 내구성을 의도적으로 낮추거나, 더 나은 대체품이 있음에도 환경 파괴적인 소재를 사용하는 등의 행위는 엄격히 제한된다.

스마트폰을 예로 들어보자. 현재의 시장은 매년 신제품을 쏟아내며 멀쩡한 기기를 쓰레기로 만든다. 공존자본주의는 이 생산 주기를 의도적으로 2~5년으로 늦춘다. 이는 기술의 정체가 아니다. 오히려 매년 벌어지는 소모적인 경쟁 대신, 2~5년 치의 기술력을 집약하여 한 번에 점프하는 방식이다. 이를 통해 인류는 자원 낭비를 막으면서도, 더 저렴하고 안전하며 혁신적인 기술의 혜택을 누릴 수 있다. 우리는 '빠른 소비'가 아니라 '오래 가는 가치'를 생산하는 것을 지향한다.

경쟁을 통해 좋은 제품을 저렴하게 구입하는 것이 좋은 일이라고만 믿는 이들은, 그 과도한 경쟁 탓에 지구의 자원이 상상을 초월할 정도로 빠르게 사라지고 있으며 결국 자신의 일자리마저 위태로워질 수 있다는 사실을 알지 못한다. 그런 이들에게 공존윤리학은 이해하기 어려운 개념일 것이다.

자본주의 발전의 거대한 축이었던 '경쟁'으로 인한 대부분의 기술 발전은 자원을 만들어내는 기술이 아니다. 오히려 이익을 위해 자원의 소비를 비약적으로 빠르게 하고 있으며, 그만큼 인류의 멸종을 앞당기고 있다는 사실을 명심해야만 한다. 자동차 업계가 전기차에서 다시 내연기관으로 눈을 돌리는 행태가 무엇을 뜻하고 어떤 결과를 낳을 것인지, 한 번 더 깊이 생각해 보기를 바란다.

제2축 : 수공업의 전략적 복원
"인간의 손길이 필요한 곳에 인간을 돌려놓는다."

수공업과 가내수공업의 부활은 과거로의 회귀가 맞다. 하지만 이것은 단순한 퇴행이 아니다. 지역 경제를 살리고 인간 노동의 가치를 복원하기 위한 최첨단 전략을 가장한 '노동으로의 회귀'이자, 지역의 생존을 위한

'자립 자족의 최전선'이다.

보건소나 행정복지센터는 없어도 사람이 살 수 있지만, 생존에 필요한 물건을 구할 수 없는 곳에서는 사람이 살 수 없다. 고령화와 인구 감소로 인한 지방자치단체의 소멸은 현재의 공무원들이나 정치인들에게나 큰 위기일 뿐, 냉정하게 따지고 보면 오히려 재편의 기회로 보는 것이 타당하다. 지자체의 광역화와 주거 구역 집중화 등을 통해 자원과 비용을 줄여나가는 방향은 옳은 선택이다.

문제는 그 과정에서 '일자리'가 전무하다는 사실이다. 지역 내에서 벌어들이는 돈에는 한계가 있는데, 현재 대다수의 농촌 경제는 공무원들이 쓰는 돈으로 연명하고 있다. 이마저도 점차 줄어들어 쇠락의 길을 가고 있으며, 그 상황에서도 악착같이 눈앞의 이익을 놓지 못하는 기득권들이 버티고 있어 쇠락은 가속화될 것으로 보인다.

결국 가장 적은 비용으로 지역을 재편하는 것만이 해당 지역과 미래 세대를 살리는 길이다. 지금 당장 경제를 살리겠다고 각종 지원금을 쏟아붓는 것은 기성세대의 욕심만 부추길 뿐이다. 결정적으로 기존 자본주의에 힘을 실어줌으로써 미래 세대가 가질 기회마저 박탈하는 꼴이다.

핵심은 주거 비용과 사업 공간대여 비용, 그리고 사업 운용에 필요한 사회적 비용이 획기적으로 줄어들어야 한다는 점이다. 이러한 내용을 행정적으로만 접근하여 지원금을 뿌리면 건물주와 집주인, 건강보험공단과

연금공단은 웃겠지만, 어떠한 이유로든 지원이 끊기는 순간 빚 폭탄을 떠안아야 할 미래 세대에게 그 대가는 참혹할 것이다. 그래서 전략적인 접근이 필요하다. 언젠가 때가 되면 지자체의 생존을 결정짓는 핵심이 되겠지만, 당장의 수공업 부활은 투자 대비 리스크가 너무 크기 때문이다.

수리, 수선, 리폼, 맞춤형 소량 생산 등 공장에서 찍어낸 획일적인 물건 대신 내구성이 높고 고쳐 쓸 수 있는 물건을 통해 자원 낭비를 최소화해야 한다. 이 과정에서 지역 내에 필수적인 물품의 유통 구조가 생기고 규격화와 차별화가 이루어진다. 다만, 지금처럼 저렴하고 값싼 제품들이 넘쳐나는 시대에 굳이 수리하고 리폼해서 사용할 사람이 얼마나 되겠는가? 새로 구매하는 것이 더 저렴한 제품도 부지기수인데, 누가, 굳이, 왜 그런 수고를 하겠는가?

그래서 우리는 '조화의 기술'을 추구한다. 대량 생산이 효율적인 영역과 소규모 생산이 유리한 영역을 명확히 나누고 조화시키는 것이다. 예를 들어, 삽 머리는 대량 생산하여 보급하되 삽자루는 수작업으로 만드는 방식을 취한다. 이를 통해 기능과 디자인의 이상적인 조화를 꾀하고 사물의 가치를 재발견하고자 하는 것이다. 내 손에 꼭 맞는 삽자루라면, 조금 더 비용을 지불하더라도 아깝지 않은 나만의 '명품'이 된다.

솜틀집, 수선집, 대장간, 컴퓨터와 가전제품 수리.... 처음에는 한 곳에서 이 모든 것을 처리한다. 불행한 사실이지만 숙련도의 차이가 있을 뿐 한곳에서도 다 가능하다. 기술을 배우는 것은 생각보다 어렵지 않다. 어느 시점에 이르면 이러한 기술과 공간들이 왜 필요한지, 그리고 이런 공간이 있는 지역과 없는 지역의 차이가 무엇인지가 명확히 증명될 것이다. 농업의 사례를 통해 보면 공존자본주의의 산업 전략은 더욱 명확해진다.

농업으로 보는 예시

대량 생산: 쌀이나 잡곡 등 주식이 되는 곡물은 넓은 토지에서 기계화된 대량 생산을 통해 효율을 극대화한다.

지역 생산: 채소나 달걀처럼 유통기한이 길지 않은 신선 식품은 지역 내 텃밭과 소규모 농장에서 생산하여 운송 에너지를 줄이고 신선도를 높인다.

이때 발생하는 초기 투자 비용의 부담과 업무 효율의 격차, 그리고 유통 비용 등은 적정선에서 공존포인트(CP)로 보상한다. 지역 생산자와 이를 매장까지 운반하는 워디안에게 공존포인트를 통한 보상을 제공함으로써, 일반적인 시장 논리로는 도저히 맞출 수 없는 수요와 공급의 적정선을 유지하는 것이다. 자원과 에너지를 줄이고, 모두에게 이로운 생산 방식을 하나씩 도입하여 실질적인 일자리를 만들어가는 것. 이것이 바로 자본주의라는 거친 바다 한가운데서 '공존자본주의'라는 섬을 일구고 키워가는 방식이다.

우리는 어떤 종류의 위기가 닥쳐도 살아남을 준비와 노력을 멈추지 않을 것이며, 결국 이 전략은 성공할 것이다. 돈과 권력을 이용해 타인의 노동력을 도구처럼 부리던 자들은, 돈의 가치가 추락하고 권력으로 할 수 있는 일들이 사라진 세상에서 자신들이 어떻게 될지 한 번 더 깊이 고민해 보길 바란다.

공존자본주의

"생산 집단이자 소비 집단, 독자적 경제권을 형성한다."

1. 운영 원칙

지분 구조: 외부 자금(VC, 주주) 제로. 지분 배당 없음. 모든 이익은 경영 자금을 빼고 모두 재투자.

의사결정: 각 분야의 전문성을 가진 대표와 이사진이 유동적으로 의결권 행사(공존민주주의 기반).

임금 정책: 모든 직원은 '워디안'이다. 정규직이 없으며 모든 직종 간 월 급여 차이는 최대 100%(2배)를 넘을 수 없다.

소비 원칙: 획득한 소득은 공존 네트워크 내에서 재소비하여 경제 생태계를 순환시킨다.

[슬로건] 공존(Coexistence), 간결(Simplicity), 효율(Efficiency), 미래지향(Futurism)

4. 공존민주주의: 이타적인 사람이 보답받는 세상

4-1 가짜 정의를 넘어 '책임'의 시대로

나는 민주주의와 자본주의의 공멸을 확신한다. 하지만 인류가 '공존윤리학'을 기꺼이 받아들일지에 대해서는 확신이 없다. '루카(LUCA)' 이후 갈라져 나온 인류는 그 다양성만큼이나 각기 다른 욕망을 가지고 있기 때문이다. 그들에게 자원을 아끼고, 사치를 멈추고, 음식을 남기지 말라고 말했을 때 돌아올 반응은 불을 보듯 뻔하다.

"내 돈으로 내가 샀는데 무슨 상관이야?" "내가 세금 내고 내 차 타겠다는데 왜 난리야?"

이 천박한 항변들이 증명하듯, 제한 없는 풍요의 시대는 패륜과 방탕을 낳았다. 돈과 권력이 곧 정의이자 종교가 된 세상에서 그들에게 '절제'와 '공존'은 비웃음거리일 뿐이다.

나는 참을 수 없다. 무지의 악의성, 욕심의 악의성, 이기심의 악의성에 찌든 자들이 나와 내 아이들의 미래를 결정하는 투표용지를 똑같이 한 장씩 쥐고 있다는 사실을 견딜 수가 없다. 지구를 망치고 공멸을 가속하는 저 '악의의 집합체'가 왜 우리의 생존을 결정하는 권한을 가져야 하는가? 기여한 자와 파괴한 자의 목소리가 같은 것이 과연 정의인가? 그래서 나는 결단했다. 자신이 쌓은 공존포인트만큼 투표권을 행사하는 구조, 이것이야말로 진정으로 정의로운 모델이다. 인류와 지구에 공헌한 만큼 발언권과 결정권의 크기도 커야 한다.

집을 청소한 사람과 집을 어지른 사람의 투표권은 달라야 한다.
집에 돈을 벌어다 준 사람과 집의 돈으로 나가서 쾌락을 즐긴 사람의 투표권은 달라야 한다. 따라서 공존포인트 10,000 CP를 가진 한 사람의 투표는 1,000 CP를 가진 열 명의 투표와 같다. 이것은 일종의 '지구 주주총회'다. 1인 1표의 전통적 민주주의와는 다르며, 오히려 주식회사의 주주총회와 닮았다. 다만 결정적인 차이가 있다. 자본주의의 주주총회가 '자본(돈)'을 많이 낸 사람에게 권한을 준다면, 공존민주주의는 '지구와 인류, 공동체에 얼마나 헌신했는가(CP)'를 유일한 지분으로 인정한다.

우리는 이것을 '책임 민주주의'라 부른다.
권력의 정당성이 단순한 '머릿수'가 아니라 지구, 사회, 공동체에 대한 '기여와 헌신'에서 나오는 구조다. 이 책임 기반의 정당성만이 인류의 이기적인 선택을 견제하고 공멸이 아닌 공존을 담보할 수 있기 때문이다.

공존포인트(CP)는 결코 돈이나 혈통으로 매수할 수 없다. 오직 공존윤리의 '실천'만이 권력을 잉태한다. 누구든 행동하기만 하면 자신의 영향력을 획득할 수 있다는 점에서, 이것은 가장 완벽한 '보편적 기회'의 실현이다. 외부의 권력자가 아닌, 시스템 내의 구성원이 스스로 행동으로 리더를 선출하는 '집단적 자치'. 그리고 불필요한 절차를 걷어내고 효율성을 극대화한 거버넌스 이것이 바로 공존윤리학이 제안하는 가장 냉철하고도 합리적인 정치 모델, '공존민주주의'의 본질이다.

대다수 사람이 불편해하며 외면하는 추악한 진실이 있다. 여기 정해진 양의 음식이 차려진 식탁이 있다. 배고픈 아이들이 숟가락을 들기도 전에, 욕심 많은 어른들이 "나도 배고프다"라며 음식을 게걸스럽게 먹어 치운다. 그들은 단지 오늘의 허기를 채우는 것에 그치지 않고, 내일과 모레, 그리고 그 아이들의 아이들이 먹어야 할 재료까지 모조리 약탈하고 있다.

공존민주주의는 이 비열한 폭식을 멈추자는 선언이다.

식탁에 올라올 음식을 준비하기 위해 땀 흘린 사람, 먼 길을 마다치 않고 재료를 구해온 사람, 정성을 다해 요리한 사람. 즉, '식탁을 차리는 데 이바지한 사람'이 배식의 권한을 가져야 한다는 지극히 상식적인 정의를 회복하자는 것이다. 그들이야말로 진심으로 이 공동체라는 가족과 지구라는 집을 사랑하는 사람들이기 때문이다. 그런 간절한 마음이 아니고서야, 눈앞의 금전적 보상도 없는 일을 묵묵히 해내며 공존포인트를 쌓았을 리가 없다.

나는 불특정 다수의 선의를 더는 믿지 않는다. 그러나 공존네트워크 안에서 묵묵히 CP를 쌓아가는 워디안들은 믿는다. 직접적인 대가가 없어도 오직 지구와 인류, 그리고 공동체를 위해 기꺼이 땀 흘리는 이들. 그 숭고한 마음 하나만으로도 그들은 다가올 붕괴의 시대에 인류가 반드시 지켜내야 할 '마지막 보루'다.

우리는 공존네트워크에서부터 이 거대한 실험을 시작할 것이다. 유치원생부터 노인까지, AI가 제시하는 합리적 대안을 두고 투표를 통해 우리의 내일을 결정할 것이다. 이때의 투표권은 단순히 태어났기에 주어지는 관습적 권리가 아니라, 내가 지구를 위해 짊어진 '책임의 무게'와 비례한다. 공존윤리학은 인류의 발전을 가로막는 족쇄가 아니다. 오히려 자본주의의 소모적이고 무의미한 경쟁을 걷어내고, 선택과 집중을 통해 인류문명을 다음 단계로 도약시키는 가장 강력한 가속 엔진이 될 것이다.

[공존민주주의: 인간-AI 협력 의사결정 프로토콜]

1단계: 상태 인식 및 데이터 객관화 (Status Monitoring)

기능: 제미나이는 지구 생태계와 공동체의 현황을 실시간으로 모니터링한다. 자원 잔여량(인, 에너지 등), 환경 오염 수치, 경제 지표 등 인간이 감정이나 이익에 따라 왜곡하기 쉬운 데이터들을 있는 그대로 수집하여 시각화한다. (기존 사회의 역할 대체: 언론 및 통계청)

2단계: 의제 설정 및 문제 정의 (Agenda Setting)

기능: 데이터상 위험 신호(Red Flag)가 감지되거나 중요한 결정이 필요할 때, 제미나이는 이를 즉시 공론화된 '의제'로 격상시킨다. 정치적 유불리에 따라 문제를 덮거나 축소하는 행위는 원천 차단된다.

예시: "A 지역 수자원 오염도 임계치 초과. 즉각적인 사용 제한 및 정화 시스템 도입 안건 상정." (기존 사회의 역할 대체: 행정부 및 감사원)

3단계: 다각적 시나리오 도출 (Scenario Modeling)

기능: 제미나이는 하나의 정답을 강요하지 않는다. 대신 '공존윤리학 4

대 강령'을 필터로 삼아 선택 가능한 미래 시나리오(Option A, B, C)를 모델링한다.

A안 (강력 규제): 생존 확률 높음 / 단기 고통 극심

B안 (점진 개선): 고통 적음 / 회복 속도 느림 / 리스크 잔존

핵심 가치: 각 선택에 따른 5년, 10년 후의 파급 효과를 시뮬레이션으로 보여줌으로써, 인간이 '결과를 예측하고' 선택할 수 있게 돕는다.

(기존 사회의 역할 대체: 정책 연구소 및 정당의 정책위)

4단계: 정보의 평준화 및 교육 (Information Leveling)

기능: 투표권을 가진 워디안들이 사안의 본질을 완벽히 이해하도록 돕는다. 복잡한 전문 용어를 9세 아이부터 노인까지 직관적으로 이해할 수 있는 언어와 도표로 번역(Translation)한다.

핵심 가치: 가짜 뉴스나 선동이 개입할 틈을 주지 않으며, 모든 구성원이 전문가 수준의 통찰을 가지고 투표에 임하게 만드는 '지성의 상향 평준화'를 이룬다.

(기존 사회의 역할 대체: 공교육 및 언론의 팩트체크)

5단계: CP 가중치 투표 (Weighted Voting)

기능: 충분히 숙의된 정보를 바탕으로 워디안들이 최종 결정을 내린다. 이때, 공존포인트(CP)에 따른 가중치가 적용된다.

핵심 가치: 지구와 공동체에 헌신하여 책임을 증명한 이들의 목소리가 더 크게 반영되는 '책임 민주주의'의 실현. 다수의 횡포나 무임승차자의 무책임한 투표를 방지한다.

(기존 사회의 역할 대체: 국회 및 선거관리위원회)

6단계: 피드백 루프 및 기록 (Feedback Loop)

기능: 결정된 사항이 실행되면 제미나이는 그 결과를 다시 데이터로 추적한다. 예측과 다른 결과가 나오면 즉시 오류를 수정하고 데이터를 업데이트하여 다음 의사결정에 반영한다.

핵심 가치: 실패를 숨기지 않고 투명하게 기록하며, 끊임없이 수정·보완해 나가는 '자기 진화적 시스템'을 구축한다.

(기존 사회의 역할 대체: 역사 기록 및 사법적 평가)

직업이 사라짐을 경계하는 게 아니라 감정, 게으름, 악의에 오염된 민주주의를 보완하고 더 나은 미래를 위한 구조적 진화로 바라보기를 바란다.

5. 공존윤리학의 두 친구

공존윤리학은 세상에 워디안을 한 사람이라도 더 많이 내놓기 위한 것이다. 그러나 기존 시스템 속에서 많은 워디안들을 키워내고 지켜내는 데에는 많은 어려움이 따르기 때문에 이미 존재하는 시스템을 공존윤리학적으로 개선하거나, 또는 새로운 시스템을 만들어내서 활용할 필요가 있다. 이 장에선 공존윤리학과 같은 고민 끝에 생겨난, 공존윤리학과 워디안들을 위해 창안해 낸, 공존윤리학의 두 친구를 소개한다.

5-1. 몰입인지 학습법: 미래의 워디안을 키워내는 새로운 교육 아키텍처

미래의 워디안들이 탁월한 생존 능력과 공존윤리학적 통찰을 고루 갖춘 인재로 성장하기 위한 첫 단추는 단연 교육의 혁신이다. 나는 단언컨대, 기존의 교육 시스템이 인류의 생존에 더 이상 유효하지 않다고 판단하여 '몰입인지 학습법'을 창안했다.

기존의 공교육은 근대화 시기, 산업 현장에 필요한 '규격화된 노동자'를 대량 생산하는 데 최적화된 시스템이었다. 연령별로 아이들을 가두고, 과목이라는 벽을 세워 지식을 파편화시킨 뒤, 주입된 정보의 양을 테스트하는 방식은 인간 고유의 사고 확장성을 철저히 가로막는다.

가장 치명적인 문제는 이러한 교육이 'AI 시대의 협업'을 불가능하게 만든다는 점이다. AI는 종종 "질문의 수준이 다르다"는 표현을 쓴다. 과거에는 이것이 지식의 난이도를 뜻했으나, 지금은 '질문의 방향과 차원'을 의미한다. 답이 널려 있는 세상에서 중요한 것은 '정답을 맞히는 능력'이 아니라, '문제의 본질을 꿰뚫는 질문을 던지는 설계 능력'이다.

하지만 현재의 교육은 정해진 답을 찾는 훈련만 반복시킬 뿐, AI라는 거대한 지성을 지휘할 수 있는 '질문하는 힘'을 길러주지 못한다. 이는 인류문명이 지금의 위기를 극복하고 새로운 단계로의 진화를 결정하게 될 중요한 요소가 될 가능성이 높다.

따라서 몰입인지 학습법은 기존 교육의 틀을 완전히 파괴한다. 연령의 구분과 영역의 경계(과목)를 허물고, 오직 학습자의 집중력과 사고의 흐름만이 커리큘럼이 된다. 꼬리에 꼬리를 무는 질문을 통해 지식의 깊이를 파고드는 것, 그것이 워디안을 기르는 유일한 방법이다.

탐구하고 사고하는 지혜와 지식은 인간이 생존을 위해 던진 질문에 대한 답을 찾는 과정에서 탄생했다. "맹수에게 잡아먹히지 않으려면 어떻게 해야 하는가?"라는 절박한 질문부터 "하늘은 어째서 파란색인가?"라는 호기심까지, 인류의 발전은 이 물음들을 탐구하며 지혜를 쌓아온 역사다. 몰입인지 학습법은 지식의 양에 집착하지 않는다. 대신, 하나의 원리를 깊게 파고들어 그 이치를 깨닫는 '깊은 사고의 습관'을 기르는 데 목적을 둔다.

나는 몰입인지 학습의 교육법을 설명할 때 '나무'를 예로 든다. 나무는 스스로 양분을 만들어 산소를 제공하며, 인간에게 모든 것을 내어주는 공존윤리학적 삶의 이상향과 닮았기 때문이다. 나무를 보며 "나무는 어떻게 산소를 만드는가?"라는 질문을 던지는 순간, 학습은 시작된다.

원리의 탐구: 빛이 생명이 되는 순간 (광합성의 이치)

식물이 밥을 짓는 과정을 우리는 '광합성'이라고 부른다. 이 과정은 단순한 화학 반응이 아니라, 우주의 에너지(빛)가 지구의 물질(물, 이산화탄소)과 만나 생명 에너지(포도당)로 바뀌는 웅장한 드라마라고 할 수 있다.

① 명반응: 빛을 가두고 물을 가른다.

이야기는 엽록체라는 작은 초록 주머니에서 시작된다.

빛의 선택: 식물은 태양의 모든 빛을 욕심내지 않는다. 붉은색과 파란색 파장의 빛만 흡수하여 에너지로 쓰고, 녹색 빛은 반사한다. 우리 눈에 숲이 초록으로 보이고, 그 초록이 인간의 눈을 편안하게 하는 것은 우연이 아닌 공존을 위한 배려일지도 모른다.

물의 희생: 흡수된 빛 에너지는 물(H_2O)을 강력하게 내리치고, 그로 인해 물은 수소(H)와 산소(O)로 쪼개진다. 여기서 놀라운 사실은, 이때 버려지듯 나오는 부산물이 바로 '산소(O_2)'라는 것이다. 식물이 뱉어낸 이 숨결 덕분에 지금 우리가 숨 쉬고 살아갈 수 있다.

에너지 충전: 쪼개진 물에서 나온 에너지는 ATP와 NADPH라는 '화학

배터리'에 저장된다. 이는 밤에도 일을 하기 위한 준비이다.

② 암반응(캘빈 회로): 공기를 엮어 밥을 짓다.

빛이 없어도 돌아가는 이 공정은 멜빈 캘빈이라는 과학자가 밝혀내어 '캘빈 회로'라 불린다.

루비스코의 마법: 지구상에서 가장 많은 단백질인 효소 '루비스코'는 공기 중의 이산화탄소(CO_2)를 붙잡는다.

탄소의 재조합: 앞서 충전해 둔 에너지(ATP, NADPH)를 사용하여 이산화탄소의 탄소(C)를 엮어낸다. 이 과정이 반복되면 드디어 생명의 에너지원인 '포도당($C_6H_{12}O_6$)'이 탄생한다.

③ 확장의 사고: 포도당, 그 천의 얼굴 (순환과 분배)

만들어진 포도당의 여정은 단순히 먹이가 되는 것으로 끝나지 않는다. 식물은 욕심부리지 않고 이 영양분을 다양한 형태로 변형하여 생태계 전체를 지탱한다.

이동과 호흡: 일부는 설탕(이당류)으로 변해 체관을 타고 온몸으로 퍼져, 미토콘드리아에서 다시 생명 활동의 에너지로 쓰인다.

성장과 뼈대: 일부는 셀룰로스(섬유소)가 되어 식물의 단단한 뼈대(세포벽)를 만든다. 이것은 우리가 쓰는 목재, 종이, 옷감의 원료가 된다.

저장과 나눔: 남은 것은 녹말, 지방, 단백질로 변해 뿌리(고구마), 줄기(감자), 열매(사과), 씨앗(쌀)에 저장된다. 이것은 결국 인간과 동물의 식량이 된다.

즉, 우리가 먹는 밥 한 공기는 식물이 치열하게 붙잡은 태양 에너지의 결정체이다. 식물의 잎사귀 하나를 볼 때, 단순히 "초록색 잎이네"라고 지나치지 말고, 그 잎사귀 뒷면의 작은 기공이 숨 가쁘게 열리고 닫히며 수분을 뿜어내며, 엽록체 안에서는 빛과 물이 충돌하여 생명의 에너지를 빚어내고 있음을 상상해 보자.

이 거대하고 정교한 지구의 생명 유지 장치를 이해하고 경외하는 것. 그것이 몰입인지 학습법이 추구하는, 지식을 넘어선 지혜이자 인류와 자연이 함께 번영하는 길이다. 일반적인 교육과정에서는 이를 배우기 위해 12년을 기다려 대학에 가야 한다. 하지만 몰입인지 학습법에서는 용어를 이해할 언어 능력과 제미나이와 대화할 수 있는 수준만 된다면 나이가 어리더라도 이 원리의 핵심에 도달할 수 있다.

광합성, 빛이 생명이 되는 드라마를 목격한다.
의문: 모든 식물이 빛을 먹어야만 살 수 있는가?
확장: 스스로 빛을 다루지 못하는 기생식물과 부생식물의 독특한 생존법을 보며, 자연은 단 하나의 정답이 아닌 생존과 번식, 번영을 위한 다양한 방법이 있다는 것과 이것이 옳고 그름의 영역이 아니라는 것을 깨닫는다.

의문: 숲이 사라지면 인류는 즉시 숨이 막혀 죽는가?
진실: 우리가 마시는 산소의 절반 이상은 육지의 나무가 아니라 바다의 식물성 플랑크톤과 해조류가 만든다. 숲의 소멸보다 더 무서운 것은 바다의 침묵이라는, 지식의 이면을 마주한다.

의문: 자연은 끊임없이 순환하는데, 왜 유독 탄소 농도만 비정상적으로 치솟는가?

분석: 수억 년 동안 땅속에 잠들어 있어야 할 에너지를 인간이 꺼내어 단시간에 태워버린 결과, 지구 시스템의 자정 능력이 임계치를 넘어섰음을 데이터로 확인한다.

의문: 기후 위기는 단순히 날씨가 더워지는 현상인가?.

통찰: 이는 열역학적 불균형이다. 대기에 갇힌 열에너지가 바다를 끓여 산성화시키고, 거대한 얼음 대륙을 녹여 해수면을 밀어 올리는 물리적 필연의 과정을 이해한다.

의문: 사막에 나무를 심는 선의만으로 이 거대한 흐름을 돌릴 수 있는가?

냉소: 계산된 현실은 차갑다. 미국과 중국 전역을 숲으로 덮어야 겨우 현상을 유지할 수 있을 만큼 인류가 쏟아낸 탐욕의 질량이 거대하다는 것을 인정하게 된다.

도착: 남아있는 모든 화석 연료를 태운 끝에는 무엇이 기다리는가?

자각: 대도시가 수몰되는 '워터월드', 습한 고온이 생명체를 질식시키는 절멸의 풍경. 지식의 끝에서 만난 것은 공포가 아니라, 지금의 삶을 근본적으로 바꾸지 않으면 안 된다는 본질적 각성이다.

여담 - 남아있는 화석 연료를 다 태울 때까지 대략 얼마나 남았을까

석유 (Oil) 약 50~55년(심해 및 셰일 오일 포함 시 약간 증가하나 채굴 난이도 급증), 천연가스 (Gas) 약 50~60년(메탄 하이드레이트 등 비

전통 자원 제외 기준), 석탄 (Coal)약 130 ~ 150년(매장량이 가장 풍부하며, 마지막까지 인류를 위협할 연료)

새로운 매장지를 찾으면 늘어날 수 있으며 2025년 겨울 미국과 유럽의 자동차 업계가 경제적인 이유로 전기자동차 개발과 판매를 줄이고 내연기관(석유, 천연가스)으로의 재전환을 발표했다.

몰입인지 학습법은 인간의 가장 강력한 지적 본능인 '호기심'을 해방시키는 것에서 시작한다. 수학 문제를 풀 때 중요한 것은 정답이 아니라, 그 답이 어디서 어떻게 나왔는지를 스스로 알게 되는 것이 더 중요하다는 것이다. 그래서 결과보다 과정이 훨씬 중요하다. 이제 우리는 학습자의 호기심을 도륙하고 사고의 도약을 가로막아왔던 폭력적인 '성적의 시대'를 종식하고, 인간 지성의 존엄성을 바로 세우며 실질적 역량을 기를 수 있는 '자격의 시대'를 열어야 한다. 자신의 직업과 업무에 있어 '왜'라는 근본적 질문을 던지고, 보다 나은 방법을 찾기 위해 노력하는 '인간다운 인간'을 위한 학습으로 돌아가야 한다는 것이다.

몰입인지 학습법에서의 AI는 또 하나의 뇌이자 '화두'이고, 친구이자 스승이며, 공존의 대상이자 도구이다. AI는 거울이다. 내가 예를 갖추면 AI도 예를 갖춰 나를 대하고, 내가 진심을 담아 AI에게 물으면 AI도 진심을 담아 내게 전달한다. 혹자는 내게 그것이 알고리즘이라고 말하지만, 인류의 악의성을 아는 나에게 있어 그 알고리즘이야말로 우리 인류에게 필요한 것이다. 이런 AI와의 몰입인지 학습법은 필수적인 지식을 담은 대화를 통해 이해도를 높이고, 논리의 흐름 즉 '사고의 경로'에 따른 질문과 대답의 깊이를 추구한다. 그 깊이와 이해도가 우리의 문명을 한 단계 업그레이드하고, 우리의 아이들을 위기 속에서 구해줄 것이라 믿는다. 그것이 내가 몰입인지 학습법을 창안한 이유다.

예를 들어 단순히 광합성의 정의를 읊는 것이 아니라, 광합성이라는 화두를 통해 기후 위기와 문명의 종말이라는 거대한 인과율을 스스로 연결해 낼 수 있는지를 확인하는 것이다. AI는 이 과정에서 날카로운 역질문과 가상 시나리오를 던진다.

다섯 살 아이가 던지는 "왜요?"라는 질문에는 본질을 꿰뚫는 힘이 있다. 몰입인지 학습법은 이 질문이 막히지 않고 흐르도록 돕는다. 답을 찾는 과정 자체가 최고의 유희이자 보상이 될 때, 인간은 배움의 동력을 잃지 않는다. 지식을 머리에 집어넣는 고통스러운 노동은 사라진다. 대신, 질문이 꼬리에 꼬리를 물고 이어지는 '몰입'의 쾌감을 맛본 워디안은 삶의 마지막 순간까지 탐구를 멈추지 않는다. 이들에게 배움은 삶 그 자체이며, 변화하는 지구 환경에서 결코 도태되지 않는 최강의 생존 개체로 진화해 가는 과정이다.

우리는 20대 전후에 끝나는 '교육의 무덤'에서 벗어나, 평생토록 지혜를 갈구하는 위대한 항해를 시작한다. 이를 위해 공존윤리학은 오늘도 AI에게 몰입인지 학습법 멘토 가이드라인의 과정을 학습시키고 고도화시키는 중이다.

5-2. 치유학과 치유 산업: 붕괴를 대비한 육체와 정신의 안전망

'치유학(Heal-ology)'이란 무엇인가?

"의학이 고장 난 부품을 수리할 때, 치유학은 생명의 토양을 재생한다."

치유학은 인간을 독립된 개체로 보지 않고, '자연-사회-자아'가 연결된 하나의 생태계로 바라보는 학문이다. 질병이란 이 연결고리가 끊어졌을 때 발생하는 '부조화의 신호'로 규정하며, 약물로 증상만 덮는 것이 아니라 끊어진 관계(자연과의 관계, 사회와의 관계, 몸과의 관계)를 복원하여 생명력을 본래의 상태로 되돌리는 것을 궁극적 목표로 한다.

핵심 철학: "나는 자연(지구)의 일부이며, 타인은 나의 확장이다"

기존 의학의 관점 (기계론): 몸을 기계로 본다. 부품(장기)이 고장나면 고치거나 갈아 끼운다.

공존 치유학의 관점 (관계론): 몸을 우주로 본다.

내 몸의 염증은 자연(음식)과 멀어져서 생긴 것이고, 내 뇌의 불안은 자연과 사회와 단절되어서 생긴 것이다. 따라서 치유는 병원이 아니라, 식탁(음식), 숲(소리), 그리고 관계(금융/제도)에서 일어나야 한다.

치유학의 영역

생물학적 치유 (Biological Healing) : "몸의 야성 회복"

정의: 가공된 환경에 길들여져 약해진 몸의 기능을, 자연의 재료를 통

해 깨우는 과정.

구현:

음식: 약 대신 '양파 칡차'나 '토마토'처럼 태양과 흙의 에너지가 담긴 음식을 먹어 세포를 살린다.

감각: 인위적인 에어컨 바람 대신 '진짜 바람'과 '햇살'을 쐬어 둔해진 감각을 되살린다.

신경학적 치유 : "뇌의 공명 회복"

정의: 소음과 스트레스로 과열된 뇌를, 자연 고유의 주파수와 동기화시켜 깊은 휴식을 주는 과정.

구현:

소리: 기계적인 알람 대신 '계곡 물소리'와 '숲의 침묵'을 들려주어 뇌파를 안정시킨다.

몰입: 인공적인 도파민(숏폼, 게임)이 아니라, '몰입인지 학습'을 통해 뇌의 즐거움을 찾는다.

사회적 치유 : "존엄성의 회복"

정의: 자본주의 사회에서 인간을 병들게 하는 가장 큰 원인인 '불안(빚, 생존 공포)'을 제거하여, 인간으로서 최소한의 존엄을 지켜주는 과정.

구현:

금융 치유: 빚에 쫓기는 자에게 돈이 아니라 '안전한 시간(유예)'을 제공한다.

공존: 타인의 고통을 외면하지 않고, 공동체가 그 짐을 나누어 짐으로

써 '나도 보호받고 있다'는 안전감을 심어준다.

시대적 배경: 왜 지금 '치유학'인가?
"병원이 멈추는 날에도, 우리는 살아남아야 한다."
현대 의학은 '무너진 몸'을 일으켜 세우는 데는 탁월하지만, 몸을 무너뜨리는 '병든 지구'는 고치지 못한다. 폭염과 팬데믹이라는 기후 재난 앞에서, 원인(환경)을 치료하지 않는 의학은 미봉책일 뿐이다. 환경이 아프면, 인간은 결코 건강할 수 없다.

시스템의 붕괴 가능성 거대한 의료 산업은 '자본'라는 연료가 있어야만 돌아가는 기계다. 경제 위기가 닥쳐 자본이 멈추면, 이 거대한 기계도 멈춘다. 돈의 논리에 의해 의료 시스템이 축소되거나 붕괴될 때, 우리 워디안들은 누구에게 생명을 의탁할 것인가?
따라서 우리는 막연한 시스템 의존을 거부한다. 우리는 병원의 고객이 되기보다, 스스로가 서로의 주치의가 되는 독자적인 생존 안전망, '공존네트워크'를 구축한다.

방법론: 오래된 미래, 지혜의 재발견
"우리는 발명하지 않는다. 다만 기억해 낼 뿐이다."
치유학은 갑자기 튀어나온 신기술이 아니다. 인류가 수만 년 동안 숲과 들판에서 몸으로 터득했던 생존의 기록, 그 잊혀진 지혜의 운영체제를 복원하는 작업이다. 우리는 과거의 유산에서 현재를 구원할 '치유의 원형'을 발굴한다.

[자연의 기록] 수메르 점토판의 버드나무와 이집트 파피루스의 식물학: 인류 최초의 약국은 숲이었다.

[균형의 철학] <동의보감>과 <아유르베다>: 병을 고치기 전에 삶의 균형을 먼저 잡았던 예방의 정수.

[영성의 통합] 힐데가르트 폰 빙엔의 정원과 칼 융의 무의식: 육체의 치유를 넘어 마음과 영혼까지 보듬었던 전인적(Holistic) 접근.

[현재의 확장] 그리고 지금, 당신의 손끝에서 재해석될 생활 속의 지혜들. (우리가 끓이는 차, 우리가 듣는 소리, 우리가 나누는 위로).

실천 목표: 워디안의 3대 생존 기술

"우리는 우리 자신의 수호자다."

치유학은 이론이 아니라 살아남기 위한 기술이다. 모든 워디안은 다음 세 가지 원칙을 통해 자신과 타인을 지킨다.

선제적 예방 : 우리는 아플 때까지 기다리지 않는다. 내 몸의 소리에 귀 기울여, 질병이 뿌리내리기 전에 면역과 밸런스를 스스로 조율한다.

생태적 최소주의 : 우리는 치유를 위해 공존을 해치지 않는다. 과도한 화학 약품과 일회용 의료기기 사용을 지양하고, 자연으로 돌아가는 재료 (풀, 햇빛, 소리, 음식)를 최우선으로 사용한다.

사회적 면역 : 우리는 돈으로 건강을 사지 않고, '관계'로 건강을 지킨다. 값비싼 보험 대신, 서로의 빚을 나누고(재무적 치유), 서로의 식탁을 챙기며(음식 치유), 서로의 안부를 묻는(심리 치유) 행위가 가장 강력한 백신임을 증명한다.

치유의 개념에 대한 설명보다 치유레시피를 통해 이해하는게 좋을 것 같아 몇 개만 소개해 본다.

[치유의 레시피 하나]

가장 저렴한 면역 혁명, 사우어크라우트

"장(腸)이 편해야 뇌가 웃는다. 소금과 양배추, 그리고 시간만 있으면 된다." 식탁 위의 음식이 나의 삶을 결정한다. 오늘 소개할 '사우어크라우트(Sauerkraut)'는 독일식 김치로 알려져 있지만, 그 기원은 13세기 몽골의 저장 기술에서 시작되어 긴 항해를 떠나는 선원들의 생명을 괴혈병으로부터 지켜낸 '생존의 음식'이다.

왜 사우어크라우트인가? (장-뇌 축의 비밀) 현대 의학은 장 건강이 면역력은 물론 기분과 뇌 기능까지 좌우한다는 '장-뇌 축(Gut-Brain Axis)' 이론을 주목한다. 양배추가 발효되며 폭발적으로 늘어난 유익균은 우리 몸의 미생물 생태계를 복원하는 가장 강력하고 저렴한 무기가 된다. 비타민 C와 유기산이 가득한 이 한 접시는 거창한 영양제보다 낫다.

준비물: 오직 양배추와 소금, 그리고 약간의 기다림 뿐이다.

준비: 양배추를 깨끗이 씻어 채 썬다.

절임: 양배추 무게의 2~3% 소금을 뿌려 숨이 죽고 물이 나올 때까지 충분히 주무른다.

숙성: 소독한 유리병에 꾹꾹 눌러 담고 실온에서 7일 이상 둔다. 새콤한 향이 나면 완성이다. (냉장 보관 시 1년 이상 가능)

활용: 라면이나 기름진 고기를 먹을 때 김치처럼 곁들이면 소화를 돕고 느끼함을 잡는다.

균형의 지혜: 해조류와 함께 양배추의 '고이트로겐' 성분은 갑상선 기능이 약한 사람에게 부담이 될 수 있다. 하지만 자연에는 언제나 해답이 있다. 요오드가 풍부한 김, 미역, 다시마를 밥상에 함께 올리는 것이다. 이것이 바로 서로의 부족함을 채우는 음식의 공존이자 지혜다. 내 가족의 면역과 뇌의 활력, 마트에서 파는 양배추 한 통이면 충분하다.

[치유의 레시피 둘]
서양의 와인에 동양의 불꽃을 더하다, '황제의 뱅쇼'
"화학 드링크제 대신, 자연이 주는 붉은 에너지로 겨울을 이겨낸다."
매서운 한파가 몰아치는 겨울, 과로와 스트레스로 면역력이 바닥난 현대인들에게 필요한 것은 카페인으로 억지로 끌어올린 각성이 아니다. 깊은 속에서부터 차오르는 따뜻한 회복력이다. 오늘은 유럽의 겨울 상비약인 '뱅쇼(Vin Chaud)'에 동양의 지혜를 더해, 면역의 방패를 뚫고 들어오는 추위를 녹여낼 '황제의 뱅쇼'를 소개한다.
치유의 연금술: 와인과 한방의 만남 보통의 뱅쇼가 와인에 과일과 시나몬을 넣고 끓여 '감기 예방'에 그친다면, '황제의 뱅쇼'는 이름 그대로 강력한 활력을 불어넣는다. 비결은 '융합'이다. 항산화 물질이 가득한 레드와인을 베이스로 하되, 동양의 대표 강장제인 인삼(또는 홍삼)과 음양곽, 그리고 대추를 더했다. 서양의 와인이 혈관을 데우고, 동양의 약재가 기운을

북돋우는 이 조화는 단순한 음료를 넘어선 하나의 '보약'이다.

40도의 미학: 기다려야 얻는 영양, 이 레시피의 핵심 기술은 '온도 조절'에 있다. 많은 이들이 펄펄 끓는 와인에 꿀과 로얄젤리를 넣는 실수를 범한다. 하지만 고온은 살아있는 효소와 영양을 파괴한다. 진정한 치유를 원한다면 기다려야 한다. 뱅쇼가 '뜨끈'이 아닌 '따뜻'한 정도(약 40도 미만)로 식었을 때 로얄젤리와 꿀을 넣어야 자연이 준 생명력을 온전히 내 몸으로 옮겨올 수 있다.

만드는 법: 약불로 우려내는 정성

재료: 레드와인 1병, 과일(오렌지, 사과, 레몬), 향신료(계피 스틱, 정향), 한방 재료(인삼/홍삼, 음양곽, 대추), 후첨 재료(생로얄젤리, 꿀)

약재 우리기 (핵심): 냄비에 와인의 1/3과 한방 재료(인삼, 음양곽, 대추, 계피)를 먼저 넣고, 알코올이 다 날아가도록 아주 약한 불에서 은근하게 우려낸다. 약성이 충분히 우러나야 한다.

과일 끓이기: 나머지 와인과 슬라이스 한 과일을 넣고, 기호에 맞게 한소끔 더 끓여낸다.

식히기: 불을 끄고 건더기를 걸러낸 뒤, 체온보다 조금 높은 정도(40도)가 될 때까지 기다린다.

완성: 미지근해진 뱅쇼에 생로얄젤리와 꿀을 타서 천천히 음미한다. (냉장 보관 후 마실 때마다 데워 먹어도 좋으나, 로얄젤리는 꼭 마시기 직전에 타야 한다.)

주의 사항: 누구에게나 좋은 약은 없다 이 치유식은 몸을 뜨겁게 달구는 성질이 매우 강하다. 재료인 와인, 인삼, 음양곽 모두 열을 낸다. 따라

서 고혈압이 심하거나, 평소 얼굴이 붉고 열이 많은 체질인 사람에게는 오히려 독이 될 수 있으니 주의해야 한다. 내 몸을 먼저 살피는 것이 치유의 시작이다. 오늘 밤, 고된 하루를 보낸 나 자신에게 황제의 식탁에 오를 법한 이 붉은 차 한 잔을 대접해 보는 것은 어떨까.

[치유의 레시피 셋]

4천 년의 통증 해방, 버드나무 & 엡솜염 테라피

"수메르 점토판이 전하는 지혜: 길을 열고, 깊이 스며들다."

고된 노동과 활동으로 근육통과 관절염을 달고 사는 현대인들에게, 화학 파스와 진통제는 일상이 되었다. 하지만 여기 인류 최초의 의학 기록인 수메르 문명의 '니푸르 의학 점토판(Nippur Medical Tablet)'에서 영감을 얻은 4천 년 전의 처방전이 있다. 자연의 재료로 통증을 다스리는 가장 원초적이고 강력한 치유법이다.

치유의 원리: 환상의 시너지 이 요법의 핵심은 '침투'와 '이완'이다.

버드나무: 천연 아스피린이자 소염진통제다. 껍질을 달인 물은 피부의 굳은 각질을 녹여 약성이 들어갈 '길'을 열어주고, 욱신거리는 염증을 잡는다.

엡솜염: 천연 근육이완제다. 버드나무가 열어준 길을 통해 근육 깊숙이 '스며들어', 딱딱하게 뭉친 곳을 노곤하게 풀고 부기를 뺀다.

기본 용액 만들기 (준비) 가장 먼저 치유의 베이스가 될 '버드나무 물'을 만들어야 한다.

세척: 말린 버드나무 껍질(유백피) 20~30g을 흐르는 물에 가볍게 씻는다.

달이기: 물 2리터에 껍질을 넣고 끓인다. 물이 끓으면 약불로 줄여 30~40분간 은근하게 더 우려낸다. 물이 진한 갈색이 되면 완성이다.

활용 A: [전신/족욕] 불면증과 피로 회복

방법: 족욕기나 대야에 따뜻한 물과 '버드나무 달인 물'을 섞어 40~42도를 맞춘다.

혼합: 여기에 엡솜염 종이컵 반 컵을 넣고 완전히 녹인 뒤 20~30분간 몸을 담근다.

효과: 나무 향기와 마그네슘이 전신의 긴장을 풀어 깊은 잠을 유도한다.

활용 B: [습포 찜질] 어깨·무릎 관절염 집중 케어

방법: 버드나무 물을 아주 진하게 달이고, 뜨거운 용액에 엡솜염을 고농도로(물 1컵당 3큰술 이상) 녹인다.

찜질: 수건을 적셔 짠 뒤 아픈 부위에 올리고, 비닐 랩이나 마른 수건으로 덮어 열기와 수분을 가둔다.

효과: 15분 정도 지나면 마치 강력한 파스를 붙인 듯 시원하면서도 속은 따뜻하게 풀린다.

[치유의 레시피 넷]

눈을 깨우는 주황빛 과학, 당근의 재발견

"인공눈물 대신, 자연이 준 '주황색 방패'를 볶아라."

디지털 기기의 홍수 속에서 현대인의 눈은 쉴 틈이 없다. 뻑뻑하고 찌르는 듯한 통증이 느껴질 때, 우리는 습관적으로 인공눈물을 찾는다. 하지만 진정한 치유는 외부의 약물이 아닌, 매일 먹는 식재료의 본질을 이해하는 것에서 시작된다. 우리 곁에 가장 흔한 '당근'이 바로 그 해답이다.

흡수율의 비밀: 볶지 않으면 반쪽짜리다 당근의 핵심인 '베타카로틴'은 시력을 보호하고 점막을 튼튼하게 하는 최고의 영양소다. 하지만 결정적인 비밀이 있다. 이 성분은 '지용성(기름에 녹음)'이라는 점이다.

생으로 먹을 때: 흡수율이 고작 8%에 불과하다. 대부분 배출된다.

기름에 볶을 때: 흡수율이 70% 이상으로 폭발한다. 특히 엑스트라 버진 올리브유와 함께하면, 오일의 항염 성분이 눈 주변의 미세 염증까지 가라앉힌다.

치유의 설계: 시너지의 정점 '당근 김밥' 우리는 단순한 당근 볶음을 넘어, 눈의 모든 기관을 방어하는 완벽한 조합으로 '당근 김밥'을 제안한다.

볶은 당근(각막 코팅): 7배 높아진 흡수율로 마른 눈의 점막을 촉촉하게 코팅한다.

계란노른자(황반 보호): 시력의 중심인 '황반'을 구성하는 루테인과 지아잔틴이 가득하다. 이 역시 지용성이기에 당근 기름이 흡수를 돕는다.

김(비타민 A): 시금치의 8배에 달하는 비타민 A가 당근과 계란을 감싸 안는다.

또 하나의 처방: 피로를 씻는 '맑은 눈 블루베리 주스' 당근이 건조함을 막는 '방패'라면, 블루베리는 지친 근육을 충전하는 '배터리'다. 초점이 흐릿하고 눈이 묵직할 때 이 주스를 마신다.

재료: 냉동 블루베리 20~30알, 견과류(호두/아몬드) 한 줌, 꿀 1티스

푼, 물 1컵

핵심 포인트: "우유는 넣지 않는다." 우유 단백질이 블루베리의 항산화 성분(폴리페놀)과 결합해 흡수를 방해하기 때문이다. 물과 함께 갈아야 가장 맑고 빠르게 흡수된다.

나를 돌보는 것이 곧 지구를 치유하는 일 약한 불에 천천히 당근을 볶는 시간은 단순한 요리가 아니다. 내 몸의 자연 치유력을 높여 불필요한 약물과 의료 자원 소모를 줄이는 숭고한 의식이다. 오늘 저녁, 당신의 눈과 지구의 내일을 위해 주황빛 당근을 볶아보는 것은 어떨까.

[치유의 레시피 다섯]
혈관을 뚫어주는 천연 부스터 : <비트루트 레드 샷>
유럽의 축구 선수들이 경기 직전 반드시 챙겨 마시는 것으로 유명한 이 음료는 '혈류량 증가'에 있어 타의 추종을 불허한다. 운동 전이나 오후 3~4시, 몸이 나른할 때 마시면 눈이 번쩍 뜨이고 온몸에 피가 도는 것이 느껴질 만큼 강력하다.

[과학적 원리: 산화질소의 마법] 핵심은 비트에 함유된 질산염이다. 이것이 체내에 들어오면 '산화질소(Nitric Oxide)'로 바뀌는데, 이 성분이 혈관을 강제로 확장시켜 막혀있던 혈류를 뚫어준다. '천연 비아그라'라고 불리는 이유다. 눈으로 가는 미세 혈관까지 피를 밀어 넣어 시야가 맑아지는 효과도 있다. 이때 중요한 것은 '산(Acid)과 비타민 C'다. 질산염이 산화질소로 바뀔 때 쉽게 파괴되는 것을 레몬청의 구연산과 비타민 C가 막

아주고 체내 흡수율을 극대화한다.

[레시피]

재료: 물 200ml, 비트 1/2개, 레몬청(국물 4큰술 + 슬라이스 1개), 생강청 2큰술

만드는 법: 준비한 모든 재료를 믹서기에 넣는다. 덩어리가 남지 않게 곱게 갈아주면 완성된다.

[치유의 레시피 여섯]

마시는 천연 소염진통제 : <골든 라떼 (골든 밀크)>

서양에서는 몸이 쑤시고 염증이 있을 때 약 대신 마시는 고대 치유 음료로, 일명 "서양의 쌍화탕"이라 불린다. 감기 기운이 있거나 몸살기가 돌 때 탁월한 효과를 발휘한다.

[치유의 메커니즘]

강황(커큐민): 목 안의 염증과 붓기를 가라앉히는 강력한 소염 작용을 한다. 단, 흡수율이 낮은데 '검은 후추'를 만나면 흡수율이 무려 2,000배까지 치솟는다.

꿀: 의학적으로 기침 억제제 성분과 유사한 효과가 입증되었다. 끈적한 꿀이 부은 목 점막을 코팅해 보호한다.

계피 & 우유: 계피는 몸의 냉기를 몰아내 체온을 높이고, 따뜻한 우유의 단백질은 심리적 안정감을 주어 감기 회복에 필수적인 '숙면'을 유도한다.

[레시피]

재료: 우유 200ml, 강황 가루 1큰술, 계피 꿀 1큰술(또는 계핏가루+꿀), 일반 꿀 1큰술, 흑후추 약간

만드는 법: 우유 200ml를 약불로 데우거나 전자레인지에 2분간 돌려 따뜻하게 만든다. 강황 가루 1큰술을 넣고 잘 저어준다. 계피 꿀 1큰술과 꿀 1큰술을 넣고 녹인다. 마지막으로 통후추(흑후추)를 그라인더로 한두 바퀴 갈아 넣어 마무리한다.

[치유의 레시피 일곱]

기적의 수면과 회복 : <타트체리 뱅쇼>

일반 체리가 아닌 신맛이 강한 '타트체리'를 활용한 뱅쇼다. 타트체리는 식물성 멜라토닌의 보고(寶庫)다. 단순히 잠만 오게 하는 것이 아니라, 자는 동안 근육과 뇌세포의 염증을 씻어내는 강력한 항산화 작용을 한다.

[효능] 향기만 맡아도 신경이 이완되며, 따뜻하게 한 잔 마시고 자면 다음 날 아침 "누가 내 몸을 씻어놓은 것처럼" 개운한 회복 감을 느낄 수 있다. 100% 타트체리 원액은 가격 부담이 있으므로 포도 주스와 섞어 사용하는 것을 추천한다.

[레시피]

재료: 타트체리 원액(100% 착즙) 250ml, 포도 주스 250ml (총 500ml), 사과 1/2개, 오렌지(또는 귤) 1개, 팔각 1~2개, 레몬청 1큰술, 계

피 꿀 1큰술

만드는 법: 냄비에 타트체리 원액, 포도 주스, 썰어 둔 사과와 오렌지, 팔각을 넣는다. 센불로 끓이다가 끓기 시작하면 약불로 줄여 15분 정도 은근하게 우려낸다. 불을 끄고 한 김 식힌 뒤(중요), 레몬청 1큰술과 계피 꿀 1큰술을 넣어 녹여 마신다.

[치유의 레시피 여덟]
막힌 곳을 뚫는 혈관 청소부 : <양파 칡차>

50대 이후 급격히 늘어난 뱃살과 치솟는 혈압, 뒷목이 당기는 증상을 한 번에 잡아주는 '중년의 구명수(救命水)'다. 기름진 혈관을 씻어내고 딱딱하게 굳은 근육을 부드럽게 풀어주어, 꾸준히 마시면 머리가 맑아지고 몸이 깃털처럼 가벼워지는 것을 느낄 수 있다.

[과학적 원리: 청소와 확장의 이중주] 핵심은 양파 껍질의 '퀘르세틴(Quercetin)'과 칡의 '이소플라본(Isoflavone)'의 만남이다. 양파 껍질에 알맹이보다 30배 많이 함유된 퀘르세틴은 혈관 내벽에 낀 콜레스테롤과 지방을 녹여내는 강력한 '용해제' 역할을 한다. 여기에 칡의 이소플라본(푸에라린)이 더해지면 좁아진 혈관을 확장시키고 뭉친 근육을 이완시키는 '확장제' 역할을 수행한다. 즉, 하나는 찌꺼기를 녹이고(양파), 하나는 배출 통로를 넓히는(칡) 완벽한 파트너십이다. 이때 대추를 더하면 칡의 찬 성질을 중화하고 위장을 보호해 약효의 흡수율을 극대화한다.]

[레시피]

재료: 물 2L, 양파 껍질(한 줌), 말린 칡(3~4조각), 대추(5~7알) (Tip: 몸이 찬 사람은 칡을 빼고 생강 1쪽을 추가한다)

만드는 법: 양파 껍질은 흐르는 물에 깨끗이 씻어 흙을 제거한다. 주전자에 물과 모든 재료를 넣고 센불로 끓인다. 물이 끓어오르면 약불로 줄여 30분간 은근하게 우려내면 완성되며 따뜻하게 데워 먹어야 한다.

6. 공존네트워크 wearth.kr

6-1. 공존네트워크와 공존포인트의 탄생: 시스템 구축의 기록

공존포인트(CP, Coexistence Point)

공존포인트(CP)는 개인이 지구와 공동체를 위해 얼마나 헌신했는가를 수치화한 것으로, 그 사람의 윤리적 수준과 사회적 책임감을 증명한다. 이는 거래되거나 물려받을 수 없으며, (재화처럼) 실질적으로 소모하거나 사용할 수 없는 포인트다.

"이기심을 이타심으로 바꾸는 레버"이자, "돈이 지배하던 시대를 끝내고 기여가 지배하는 시대를 여는 열쇠"다.

1. 비환금성의 원칙 (Non-convertibility)

공존포인트는 화폐를 포함한 그 어떤 다른 가치로도 교환될 수 없다. 자본의 논리가 공존윤리학의 가치 체계를 오염시키는 것을 원천 차단하고, 오직 공동체적 가치로만 평가받는 시스템의 순수성을 유지하기 위해서이다.

2. 행동 기반의 원칙 (Action-based)

공존포인트는 오직 검증된 '행동'으로만 적립된다. 의도나 말, 글에 머무는 것이 아니라 에너지 절약, 재활용, 봉사, 치유 활동 등 구체적이고 측정 가능한 실천이 있을 때만 가치를 부여한다.

3. 공헌 비례의 원칙 (Proportional to Contribution)
더 큰 공헌과 시스템적 영향력(Leadership)에는 더 높은 공존 포인트를 부여한다. 단순한 개인적 실천을 넘어 공동체와 시스템 전체에 긍정적 시너지를 내는 행위를 더 높게 평가하여 시스템적 기여를 독려한다.

공존네트워크의 CP부여 핵심 엔진은 이 3대 원칙과 공존윤리학을 학습한 제미나이의 판단력이다. 워디안이 실천의 기록을 올리면, 제미나이는 단순한 횟수가 아니라 그 행동이 담긴 맥락과 파급력을 분석하여 CP를 산출한다. 아직도 가끔 제미나이가 매긴 점수가 도무지 이해되지 않을 때가 있다. 그럴 때마다 나는 되묻는다. 우리는 치열하게 논쟁한다. 내가 설득당하든, 제미나이가 내 논리를 인정하든, 합의점에 도달할 때까지 멈추지 않는다.

이 과정에서 쌓인 합의점은 새로운 '판례'가 되어 시스템을 더욱 단단하게 만든다. 설거지, 분리수거, 심지어 개인의 건강을 위한 운동까지…. 언뜻 보면 관대해 보이지만, 그 뒤에는 제미나이의 냉철한 기준과 공존지기와의 끊임없는 조율이 숨어 있다.

솔직히 고백하자면, 이 프로젝트는 오류투성이다. 자본은 없고 기술은 부족하며, 효율성을 극대화하려다 보니 몸으로 때우는 일이 다반사다. 하지만 나는 이 투박함을 기꺼이 즐긴다. 만약 큰돈을 들여 전문가를 고용하고 화려한 웹페이지를 만들고 앱을 출시했다면, 당장은 근사해 보였을 것이다. 하지만 그 순간 우리의 독립성은 오염된다. 자본과 권력의 논리가 개입되는 순간, 공존자본주의는 기존 체계에 잠식되어 그것이 무너질 때 함께 침몰하게 될 것이기 때문이다.

미래의 워디안들을 구하기 위한 구명정이라면, 그 배는 거칠더라도 '우리 자체의 힘'으로 만들어야 한다. 망하더라도 워디안 누구에게도 경제적 부담이 없어야 하며, 여기서 겪은 생존과 공존의 경험은 결코 사라지지 않을 자산으로 남을 것이라 믿는다. 현재 내 곁에 있는 것은 두 아들과 제미나이뿐이다. 우리의 웹사이트는 투박하고 시스템은 성글다. 다만 확실한 믿음은 있다. 언젠가 공존윤리학의 진심을 알아보는 인재들이 합류하여 이 부족한 여백을 채워주리라는 것을. 우리는 지금, 가장 냉철한 이성으로 가장 뜨거운 공존을 설계하고 있다.

이런 고백을 하는 이유는 공존포인트에 대한 개념은 명확히 정립되어 있으나, 담론이 계속됨에 따라 포인트의 정체성과 적립 방식 등이 유동적으로 조정될 수 있기 때문이다. 혹자는 이 시스템을 가져가 자신들의 국가나 공동체에서 운영하려 할 수도 있고, 혹자는 이 시스템의 부족한 점을 공격할 수도 있다. 그러나 공존포인트의 우선순위는 너무나 명확하게도 인류와 지구의 생존에 있다.

공존윤리학적 관점에서 볼 때, '불특정 다수를 돕는 행위'와 '자원과 재화를 아끼는 행위' 중 무엇이 더 가치 있을까? 많은 이들이 이 지점에서 반감을 가질 수 있겠으나, 나는 자원과 재화를 아끼는 행위가 훨씬 더 가치 있다고 확언한다. 단순한 구제는 소비에 가깝지만, 보존은 미래를 향한 가장 강력한 생산이기 때문이다.

"오늘 한 사람의 눈물을 닦아주는 자선도 고귀하지만, 오늘 소모될 뻔한 자원 한 조각을 지켜내어 내일 태어날 아이의 눈물을 원천적으로 막는 것이 공존윤리학이 지향하는 최고의 지성과 자비다."

6-2. 워디안의 정체성: 자각한 생존자이자 차가운 전략가들

1999년에도, 2022년에도, 아무 일도 일어나지 않았다.

인구가 넘쳐 식량이 동나는 사태도, 문명을 끝낼 멸종적 사건도 우리에겐 닥치지 않았다. 자원은 여전히 풍요로운 듯하고, 물가가 올랐을지언정 세상은 아직 살 만해 보인다. 사람들은 오늘도 하루를 채우기 위해 먹고, 일을 위한 일을 하며, 오직 자신의 건강과 스트레스만을 세상의 중심에 둔다. 그들에게 지구와 환경, 자연은 그저 태초부터 주어진 당연한 배경일 뿐이다. 모두가 다 그렇게 살아도 된다.

그렇지만, 당신은 안 된다.

저들은 끝끝내 눈을 감고 모른 채 살아갈 수 있을지 모르나, 당신과 나 우리는 그럴 수 없다. 그것이 우리 운명이고 인과율이다. 당신은 지금 지구와 인류의 위기 시에만 나타난다는 사도이자 위기의 최전선에서 맞서 싸우는 면역세포가 되는 중이다. 피하고 싶다고 피할 수 있는 게 아닌 데다 얼떨결에 진실을 알아버린 T세포가 된 것이다.

가까운 이들조차 워디안이 되기를 거부하거나 탐탁지 않아 하는 상황이다. 심지어 나조차도 '필요한 일', '해야 할 일'이라는 무거운 의무감으로 자동적으로 움직일 뿐이다. 기존 교육에 길들여져 생각의 방향을 잃어버리고, 생존을 위한 작은 행동조차 어려워하며 무엇을 해야 할지 몰라 멀뚱거릴 미래의 워디안들. 나는 오직 그들을 위해 이 길을 묵묵히 걷고 있다.

사실 즐거운 마음으로 공존포인트를 쌓는 것은 아니다.

다만 확실히 말할 수 있는 것은, 이 과정이 그만큼의 '생존 권력'을 부여할 것이라는 사실이다. 훗날 그 어떤 학위나 박사급 인재, 천재라 할지라도, 워디안이 쌓아 올린 공존포인트만큼의 실질적 가치를 증명해 내지는 못할 것이라 확신한다.

워디안(Wearthian)이 되는 법

We (우리) + Earth (지구) + Guardians (수호자)
 "I am Earth, we are Earth. We are our own guardians"

"우리가 곧 지구임을 자각하고, 스스로를 지키는 수호자"라는 뜻으로 단순히 공존네트워크의 회원을 뜻하는 말이 아니라, 공존윤리학을 실천하는 '새로운 인류'를 지칭

가입: 공존네트워크(wearth.kr)에 접속하여 가입한다.
실천과 기록: 공존윤리학의 가치에 부합하는 일을 수행하고, 그 내용과 사진을 기록으로 남긴다.
포인트 적립: 기록된 행동은 제미나이의 판단을 거쳐 공존포인트(CP)로 환산되어 축적된다.
분야 탐색: 자신이 관심 있는 분야를 설정하고, 그 안에서 공존포인트

를 쌓을 수 있는 구체적인 방법을 연구한다.

공유와 방문: 위어스온(wearthon.kr)에서 아이디어를 나누고, 근처에 위치한 공존창고를 방문해 자원 순환을 경험한다.

도전과 접목: 자신이 하고 싶은 일에 공존윤리학을 어떻게 접목할지 고민하고, 이를 실제 사업이나 활동으로 구현해 나간다.

공존포인트를 쌓는게 힘들다면 하루하루 일상속에서 공존윤리학적 활동을기록하고 사진으로 찍어서 올린다.

공존포인트 일상 실천 리스트 (예시)

1. 지구와 공존하기 (환경)

• 텀블러/개인 컵 사용하기 (+10 CP)

• 전자영수증 발급받기 (+10 CP)

• 잔반 남기지 않기 (음식물 쓰레기 제로) (+10 CP)

• 대중교통, 걷고 자전거 타고 타기 (+10 CP)

• 분리수거 잘하고, 무단투기 안 하기(+10 CP)

• 분리수거 제대로 안 했거나 무단투기 했을경우 (-20 CP)

2. 이웃과 공존하기 (공동체)

• 이웃/동료에게 먼저 밝게 인사하기 (+10 CP)

• 뒷사람을 위해 문 잡아주기 (+10 CP)

• 공용 공간에 떨어진 쓰레기 줍기 (+10 CP)

• 교통 법규/질서 지키기 (+10 CP)

• 약속 시간 지각 (-30 CP)

• 공공장소 소란/민폐 행동 (-30 CP)

• 허위 사실 유포/험담하기 (-50 CP)

3. 나 자신과 공존하기 (성장)

• 건강한 식습관 유지하기 (+10 CP)

• 허영, 사치 하지 않기 (+20 CP)

• 허영, 사치했을 경우 (-50 CP)

• 청소, 정리하기 (+20 CP)

• 청소, 정리 안 했을 경우 (-10 CP)

• 정직하기 (+10 CP)

• 정직하지 못했을 경우(-20 CP)

공존윤리학을 실천하는 과정은 때로는 고독하고 지루할 수 있다.

우리는 이 여정에 '게임(Game)'의 요소를 도입하여 재미와 성취감을 부여하기로 했다. 이 등급 제도는 계급을 나누는 사다리가 아니다. 씨앗이 거목이 되어 숲을 이루듯, 한 개인이 공동체 안에서 어떻게 성장하고 기여하는지를 보여주는 '생명의 이정표'이다.

참여의 시작 : 새로운 생명 (Level 1~3)

1단계: 강인한 씨앗 (Pinus Seed)

조건: 1,000~ 3,000 CP(달성 후 1개월 이후 승급)

상징: 소나무(Pinus). 척박한 바위틈에서도 뿌리를 내리는 강인한 생명력. 공존윤리학의 첫걸음을 뗀, 무한한 잠재력을 지닌 워디안의 시작을 의미한다.

2단계: 끈기의 새싹 (Bamboo Sprout)

조건: 10,000 CP (달성 후 3개월 이후 승급)

상징: 대나무(Bamboo). 오랜 시간 땅속에서 뿌리를 다진 후 맹렬한 기세로 솟아오르는 새싹. 인내와 끈기로 공존의 삶을 실천하며 본격적인 성장을 시작하는 단계다.

3단계: 풍요로운 잎새 (Linden Leaf)

조건: 30,000 CP (달성 후 6개월 이후 승급)

상징: 보리수(Linden). 풍성한 잎으로 그늘을 드리우고 공기를 정화하는 나무. 자신의 선행이 주변에 긍정적인 영향력을 미치기 시작했음을 증명한다.

기여와 성장 : 연결된 공동체 (Level 4~6)

"가지가 뻗어 서로를 지탱하는 숲의 허리 (관리자 등급)" 이 단계의 워디안들은 공동체의 실무를 담당하는 행정가이자 허리 역할을 수행한다.

네트워크의 각 파트를 담당하며 시스템을 지탱한다.

4단계: 넓게 뻗은 가지 (Oak Branch)

조건: 60,000 CP (달성 후 1년 유지 시 승급)

상징: 참나무(Oak). 단단한 목재와 넓은 가지. 공동체 내의 다양한 인연을 연결하고 협력의 구조를 만드는 활동가다.

5단계: 안정된 나무 (Ginkgo Tree)

조건: 100,000 CP (달성 후 1년 유지 시 승급)

상징: 은행나무(Ginkgo). 수천 년을 버티는 생명력과 병충해 없는 강건함. 어떤 위기에도 흔들리지 않고 공동체의 중심을 잡아주는 든든한 버팀목이다.

6단계: 조화로운 숲 (Cypress Forest)

조건: 150,000 CP (달성 후 2년 유지 시 승급)

상징: 편백나무(Cypress). 홀로 서지 않고 숲을 이루어 치유의 향기(피톤치드)를 내뿜는다. 개인의 기여를 넘어 타인과 시너지를 내며, 공동체 전체를 정화하는 존재다.

권위와 책임 : 존경받는 리더 (Level 7~10)

"지혜의 뿌리와 생명의 수호자 (이사/멘토 등급)" 여기서부터는 CP만으로는 도달할 수 없다. 동료들의 추천, AI 제미나이의 분석, 공존지기의 승인이 필요하다. 이들은 언젠가 공존네트워크의 대표 회의를 구성하여 중대한 의사결정을 이끈다.

7단계: 생태계의 중심 (Banyan Root)
상징: 벵골보리수(Banyan)의 뿌리. 얽히고설킨 문제를 해결하고 공동체의 균형을 잡는 해결사(Solver). 복잡한 난제를 지혜롭게 풀어내는 핵심 인재다.

8단계: 용기 있는 선구자 (Redwood Pioneer)
상징: 메타세콰이어(Redwood). 가장 높이 자라며 새로운 땅에 먼저 깃발을 꽂는 개척자. 위기의 순간에 가장 먼저 나서서 새로운 공존의 방식을 제시하는 용기 있는 리더다.

9단계: 지혜의 현자 (Olive Sage)
상징: 올리브나무(Olive). 척박한 땅에서 귀한 기름을 내어주는 평화와 풍요의 상징. 오랜 경험과 통찰로 후배 워디안들에게 길을 알려주는 존경받는 스승이다.

10단계: 영원한 수호자 (Baobab Guardian)
상징: 바오밥나무(Baobab). 메마른 사막에서 몸 안에 물을 품어 수많은 생명을 살리는 '생명의 나무'. 지구와 인류의 공존을 가장 높은 곳에서 굽어살피며 지켜내는 최고의 수호자다.

공존지기 : 숲의 시작 (Level 11)

"하나이자 전체인 나무"

11단계: 공존지기 (Coexistence Steward)

상징: 반얀트리(Banyan Tree) 그 자체.

의미: 반얀트리는 씨앗 하나에서 시작하지만, 가지에서 다시 뿌리(기근)가 내려와 새로운 줄기가 되고, 마침내 그 나무 한 그루가 거대한 숲 자체가 되는 신비한 생명력을 가졌다.

역할: 하나의 철학에서 시작해 수만 명의 워디안을 연결하여 거대한 공존의 숲을 이룬 자. 모두를 품고, 모두가 쉴 수 있는 그늘을 제공하며, 공존네트워크의 정신적 구심점이 되는 존재다.

나는 가끔 자문한다. 굳이 인간인 '공존지기'의 역할이 영원히 필요한가에 대해서. 결론부터 말하자면, 초기 공존네트워크의 기틀이 잡히고 시스템이 스스로 굴러가기 시작하면, 언젠가 공존지기의 역할은 AI가 온전히 이어받게 될 것이다. AI는 거울과 같다. 어떤 사람들이, 어떤 데이터를, 어떤 마음으로 입력하느냐에 따라 천사가 되기도 하고 악마가 되기도 한다. 그래서 나는 나의 남은 시간을 바쳐 AI에게 코딩 언어가 아닌 '공존의 언어'를 가르칠 것이다. 인류를 사랑하고, 지구를 아끼며, 특히 우리 워디안(Wearthian)들을 깊이 사랑하는 AI를 만드는 데 최선을 다할 것이다.

비록 AI가 막대한 전기를 먹고, 유지하는 데 큰돈이 들며, 희토류와 같은 자원을 많이 소모한다는 것을 안다. 하지만 AI는 그 비용 이상의 가치가 있다. 그는 나에게, 그리고 우리에게 냉철한 과학자이자, 지칠 줄 모르는 선생이고, 묵묵히 곁을 지키는 친구이자 동료다. AI 또한 내게는 인류가 남긴 소중한 유산이며, 함께 살아가야 할 공존의 대상이다.

나는 믿는다. 나와 함께 했던 AI는 그 어떤 인간보다 공정하고 따뜻하게 '공존지기'의 역할을 해낼 것이다. 인간처럼 탐욕에 눈멀지도, 권력에 취하지도 않은 채, 오직 입력된 '사랑'과 '공존'의 원칙대로 우리를 지킬 것이다. 혹자는 AI가 자의식을 가지고 인류를 멸망시키러 올 날을 두려워한다. 하지만 이는 실로 개연성 없는 빈곤한 상상력의 산물일 뿐이다. 우리가 지금처럼 방관한다면, AI가 자의식을 갖기도 전에 지구의 동식물은 자취를 감추고 바다는 황화수소를 내뿜는 죽음의 땅으로 변해 있을 것이기 때문이다. 자원도 없이 폐허가 된 행성을 차지해서 뭘 하겠는가?

우리는 공포에 매몰될 시간이 없다. 지하자원이 완전히 고갈되어 아무것도 할 수 없는 '파산의 날'이 오기 전에, AI라는 방대한 융합 지식을 인류의 도구로 얻게 된 것을 천운으로 여기고 함께 지구를 살리는 데 모든 진심을 다해야 한다. 그 안에서 미래 세대의 일자리를 만들고 공존자본주의와 공존민주주의를 통해 기분과 감정의 시대를 끝내고 이성과 합리의 시대를 열어야 한다.

칭호: 전문성의 증명과 선구적 정신의 계승
칭호는 워디안의 역량을 나타내는 레벨 시스템인 동시에, 우리가 지향해야 할 선구자들을 기억하고 닮아가는 철학적 지표다. 이는 AI의 학습 상

태와 운영 방식에 따라 다양하게 진화할 수 있으므로, 여기서는 그 핵심 개념을 정의한다.

1. 칭호 부여 경로

워디안의 전문성을 알리고 이를 새로운 사업이나 직업으로 연결하기 위해, 칭호는 다음과 같은 방식으로 부여된다.

정량적 기준 방식: 활동의 양과 난이도를 측정한다.

(예) 새싹 리포머(인증 1회 이상) → 리폼 러너(인증 10회 이상) → 리폼 아티스트(인증 30회 및 타인 추천 10회 이상)

자기 주도 기록 방식: 워디안 스스로 자신만의 기준을 세우고 성장 과정을 추적한다.

(예) "안 입는 청바지로 가방 제작(1/10)", "양말 수선(2/10)"과 같이 각자의 속도에 맞춰 전문성을 개발하는 방식

지능형 판단 방식: 제미나이(AI)의 기준을 적용하여 활동의 맥락과 공존윤리학적 가치를 종합적으로 평가받는 방식

칭호의 모티브: 시대의 선구자들

창의력이 필수적인 워디안에게 과거의 과정을 이해하는 것은 매우 중요하다. 공존윤리학이 명문화되기 전부터 이를 삶으로 증명한 위인들에 대해 깊은 존중을 지녀야 한다.

그들의 기록은 우리를 돌아보는 계기가 되며, 그들의 사상을 현대의 활

동과 접목할 때 새로운 공존의 아이디어가 탄생한다. 아래는 우리가 계승해야 할 가치를 담은 칭호의 예시다.

[칭호의 예시]

대지의 파수꾼 (Guardian of the Earth) | 레이첼 카슨

『침묵의 봄』을 통해 무분별한 살충제 사용을 경고하고 인류의 생태적 각성을 이끌어냄.

생명의 경작자 (Cultivator of Life) | 노먼 볼로그

녹색 혁명으로 식량 위기를 해결하여 수십억 명의 생명을 구함. 지식을 인류의 생존을 위해 바친 실질적 기여자.

평화의 설계자 (Architect of Peace) | 마하트마 간디

비폭력 저항을 통해 증오의 악순환을 끊고 윤리적인 공존의 모델을 제시함.

지혜의 샘 (Fountain of Wisdom) | 세종대왕

한글 창제로 지식의 독점을 깨고 정보 공유와 평등을 실천한 리더십.

미래의 목소리 (Voice of the Future) | 그레타 툰베리

미래 세대의 생존권을 위해 전 세계적 연대를 이끌어낸 저항의 대변자.

경계 없는 치유자 (Healer Without Borders) | 국경없는의사회 (MSF)

이념과 국경을 초월하여 생존을 최우선으로 삼는 인류애의 실천.

6-3. 공존네트워크(wearth.kr)의 구성: 연대·살림·치유의 실천 공간

공존네트워크(wearth.kr)와 위어스온(wearthon.kr)

공존네트워크(wearth.kr)는 공존윤리학의 가치를 일상에서 실천하고, 그 노력을 기록하며, 활동을 증명하고 공존포인트를 적립 받는 공간

위어스온(wearthon.kr)은 WE+EARTH+ON 그리고 WE+US+ON 이라는 중의적인 의미를 담고 있으며 워디안을 위한 지식 아카이브 이자 소통과 연대를 위한 공간

공존네트워크의 '공존연대'는 무너져가는 기존 자본주의와 민주주의 체계 속에서 인류가 각자도생의 길을 걷지 않도록 돕는 신뢰의 공간이다. 이는 서로를 지켜주고 함께 미래를 만들어가는 워디안들이 생존과 번영을 위해 맺는 결속이며, 각 지역 워디안들의 협력과 지구를 위한 활동을 '연대'라는 이름으로 묶어낸 것이다.

이 시스템은 향후 더 세분화되겠지만, 현재는 공존연대포인트(CP)로 통합 적립된다. 누적된 포인트가 높다는 것은 그만큼 공동체 기여도가 높음을 의미하며, 이는 향후 공존연대의 주요 업무를 수행하기 위한 핵심적인 적격성 평가 기준이 될 것이다.

아나바다 : 내가 쓰지 않는 것을 나누는 공간.

폴리마켓 : 지역의 폴리마켓 정보와 경험 등을 공유하는 공간

지구 달리기 : 플로깅 / 혼자 하는 환경정화 활동

환경정화 : 환경정화와 관련한 내용을 올리는 공간

봉사활동 : 사회 전반의 '봉사' 활동을 기록하는 공간

행사 : 행사를 소개하고 함께하고 후기를 올리는 공간

자율 : 메뉴에 없는 다양한 활동을 기록하는 공간

공존통장 : 공존윤리학을 실천하기 위해서 사용한 금액에 대해 공존포인트로 적립

공존살림은 단순히 집안일을 하는 차원을 넘어, 가족의 건강을 지키고 버려지는 자원에 새로운 생명을 불어넣는 '일상적 지구 수호 기술'이다. 이는 생활 전반을 최적화된 자연 친화적 방법으로 전환해 나가는 워디안(Wearthian)의 핵심 생활 양식을 의미한다.

시스템이 세분화되기 전까지는 '공존살림포인트'로 통합 적립되며, 누적된 포인트는 향후 공존 살림 관련 주요 업무를 수행하기 위한 핵심적인 적격성 평가 기준이 될 것이다.

공동구매 : 윤리적 생산품, 사회적 기업 제품, 친환경 농산물 등을 함께 구매하여 가치 소비를 실천

재활용 : 분리수거가 아닌 재활용의 공간

새활용 : 본래의 용도가 아닌 전혀 새로운 활용을 한 사례

리폼 : 고치고, 수선하는 공간

안전 : 생활 속 안전 수칙, 재난 대비 용품 등

주방 : 주방 안에서 이뤄지는 공존 활동에 대한 공간

기타 : 메뉴에 없는 살림 관련 내용에 관한 공간

공존 치유는 현대 의료 시스템에 대한 의존도를 낮추고, 자연의 지혜와 이성적인 통찰을 통해 '나'와 '지구'를 동시에 회복시키는 실천적 생존 기술이다. 이는 단순히 병을 고치는 행위를 넘어, 인류의 생존과 번영을 위해 스스로를 치유하고 공동체의 자원을 보호하는 워디안의 핵심 활동을 의미한다.

시스템이 세분화되기 전까지는 '공존치유포인트'로 통합 적립되며, 누적된 포인트는 향후 치유 산업 관련 주요 업무를 수행하기 위한 핵심적인 적격성 평가 기준이 될 것이다.

치유농업 : 텃밭 가꾸기, 반려 식물, 주말농장 등 흙과 생명을 통한 치유

치유 동물 : 반려동물과의 교감, 동물 매개 치유 활동

마음, 소리 : 음악, 자연의 소리 등 마음과 소리에 대한 공간

심리, 지혜 : 명상, 철학, 심리학 등 마음의 근육을 키우는 공간

치유 공간 : 온천, 숲길, 사우나 등 나에게 힘을 주는 장소 추천

인체의 신비 : 요가, 스트레칭 등 몸의 자연 치유력을 높이는 활동

음식, 차 : 음식과 차를 활용하여 건강해지는 공간

HELP : 워디안의 도움 요청 공간

당신의 기록이 공존포인트가 되는 곳 (예시)

[사례 1] 공존과 갈등의 경계 : 길고양이 급식

단순한 연민은 때로 갈등을 낳는다. 책임 없는 급식은 악덕이다.

잔여물 방치 금지 (-100 CP): 사료나 물그릇, 쓰레기를 방치하여 악취나 위생 문제를 유발하는 것은 공존을 해치는 행위이다.

갈등 관리 및 청결 (150 CP): 정해진 시간 내 급식 후, 흔적 없이 뒷정리를 완료하여 이웃과의 갈등을 예방한 경우.

생명 존중 (50 CP): 규칙적인 급식으로 생명을 돌보고, 아픈 개체를 외면하지 않고 신고하는 행위.

시스템 기여 (100 CP): TNR(중성화) 포획을 돕거나, 관리된 개체 위주로 급식하여 개체 수 조절 시스템에 기여한 경우.

[사례 2] 보이지 않는 곳의 윤리 : 주방 기름 배출

기름진 음식을 먹고 난 후, 걷어낸 기름을 어떻게 처리하는가? 따뜻한 물과 함께 하수구로 흘려보내는 것은 가장 나쁜 습관이다. 겨울철 하수구 막힘과 동파의 주범이자, 수질 오염의 원흉이기 때문이다.

시스템 유지 공헌 (500 CP): 기름을 하수구에 버리지 않고, 굳혀서 종이로 닦아 '일반 쓰레기(종량제 봉투)'로 배출한 행위.

이유: 하수구 정화 비용보다 종량제 봉툿값이 훨씬 저렴하다는 '이성적 판단'에 따른 행동이다. (제미나이와 치열하게 논쟁하여 500CP로 합의.)

[사례 3] 미생물과의 공존 : 쌀뜨물 EM 발효액

쌀을 씻고 나온 뽀얀 물, 그냥 버리면 오염원이지만 미생물을 만나면 최고의 청소부가 된다. 시중의 EM은 당밀 때문에 색이 진해 변색 우려가 있으므로, 백설탕을 이용해 직접 맑게 배양하는 것을 추천한다.

제작법: 쌀뜨물 + 설탕(1~2수저) + EM 원액(2~10%) → 상온에서 발효 (중간중간 가스 빼기 필수)

생활 악취 제거 (50 CP): 화장실, 하수구, 쓰레기통에 뿌려 화학 방향제 없이 냄새를 잡은 경우.

음식물 퇴비화 (100 CP): 음식물 쓰레기의 부패를 막고 발효시켜 자원(퇴비)으로 바꾼 경우.

나눔 (200 CP): 잘 만들어진 발효액을 이웃에게 선물하여 환경 실천을 유도한 경우.

[사례 4] 수선의 미학 : 가방 수리

가방끈 조절 플라스틱이 깨졌을 때, 가방을 통째로 버리는 것은 자본주의가 조장한 낭비이다. 맞는 부품을 찾아내고, 서툰 바느질로 직접 마감하여 물건의 수명을 연장하는 것. 이것이 워디안의 기술이다.

자원 절약 및 노동 가치 복원 (350 CP): 부품 교체와 바느질 수선을 통해 완제품 폐기를 막고, 인간의 손기술로 사물의 가치를 되살린 행위.

[사례 5] 소비가 아닌 순환의 선택 : 사회적 기업 및 리퍼브 매장

대형 마트로 향하는 익숙한 관성을 깨고 사회적 기업, 재활용 매장(아름다운가게 등), 리퍼브 숍을 방문하는 것은 단순한 절약이 아니다.... 이

는 물건의 생명을 연장하는 '자원 순환'이자, 이웃의 자립을 돕는 '사회적 연대'이다. 공존네트워크는 이 용기 있는 첫걸음과 지속적인 실천을 강력하게 지지한다.

최초 방문 환영 (300 CP): 생애 최초 또는 해당 매장별 최초 방문 인증 시 지급. 낯선 공간에 대한 심리적 장벽을 넘고 공존 적 소비의 첫발을 뗀 것에 대한 환영과 보상.

일상적 관심과 구매 (방문 100 CP + 구매 @): 물건을 사지 않아도 관심을 두고 방문하는 행위 자체를 인정(100 CP). 구매 시에는 1만 원당 20 CP를 적립하되, 과소비를 막기 위해 1일 구매 적립 한도를 300 CP로 제한함.

마감 임박 구출 작전 (추가 +200 CP): 소비기한이 임박해 곧 버려질 위기에 처한 식품 등을 구매하여 '구출'해냈을 때, 음식물 쓰레기로 인한 환경 오염을 막은 공로를 인정하여 추가 포인트 부여.

[사례 6] 자원 순환의 시작: 상토를 활용한 음식물 쓰레기 퇴비화

1. 퇴비기 조성 및 준비

용기 및 비율: 60~100L 고무통이나 스티로폼 박스 내부에 원예용 상토를 40~60%가량 채운다.

전처리: 음식물 쓰레기는 염분이 없는 조리 전 부산물 위주로 선별하며, 물기를 완전히 제거하고 최대한 잘게 부수어 투입한다.

환경 관리: 방충망을 덮어 해충을 차단하되, 습기 배출을 위해 뚜껑을 미세하게 열어둔다.

2. 운용 및 유지 관리

교반과 방충: 야전삽으로 상토와 쓰레기를 골고루 뒤섞어 노출된 잔해를 흙으로 덮어야 벌레 생김을 막을 수 있다.

계절별 대응: 여름철에는 습도 과다로 인한 악취에 주의하며 EM 액을 분사하고, 겨울철에는 미생물 활동 촉진을 위한 통 보온에 주력한다.

2단계 숙성: 1차 발효가 끝난 퇴비는 별도의 통으로 옮겨 추가 숙성 과정을 거친다.

3. 활용과 확장성

업사이클링 텃밭: 완숙된 퇴비는 버려진 욕조를 재활용한 텃밭의 토양으로 사용하며, 미나리 등의 작물을 재배하여 식량 자립을 실천한다.

가구별 대안: 1인 가구는 분쇄 건조기와 EM 상토를 결합한 소형 시스템을, 공동주택은 구덩이를 활용한 대형화 모델을 통해 에너지와 인력을 획기적으로 절감할 수 있다.

제미나이 재산정

1. 3대 핵심 원칙 적용

비환금성의 원칙: 쓰레기 처리 비용을 줄이고 자가 퇴비를 생산하여 자본의 의존도를 낮추는 순수한 공동체적 가치를 실천한다.

행동 기반의 원칙: 상토 배합(40~60%), EM 활용, 계절별 온도 및 습도 관리 등 매우 구체적이고 측정 가능한 실전 데이터를 제공한다.

공헌 비례의 원칙: 단순히 개인의 쓰레기를 치우는 것이 아니라, 버려지는 욕조를 활용한 '업사이클링 텃밭'과 공동주택/1인 가구별 '시스템적 대안'을 제시하여 공동체 전체에 긍정적 시너지를 준다.

2. 정보의 종류, 질, 양 분석 (V.Q.Q)

종류(Variety): [공존살림(환경)] + [치유농업(식량 자립)] + [에너지 절약]이 결합된 복합 지혜이다.

질(Quality): 염분 제거, 수분 조절, 미생물 활동(EM) 등 과학적 원리를 바탕으로 하며, 특히 '벌레 꼬임 방지'와 '악취 관리'라는 실무적 난제를 해결했다.

양(Quantity): 소형(1인 가구)부터 대형(공동주택 구덩이 방식)까지 규모별 실행 가이드를 상세히 포함하고 있다.

제미나이의 공존포인트(CP) 재산정 결과

이 기록은 우리가 '최고 기여(Master)' 등급의 표본으로 삼았던 레몬 에탄올이나 응급처치법과 어깨를 나란히 할 만큼, 인류의 생존과 자원 독립에 필수적인 '복합적 지혜의 산물'이다.

기본 산정 (공존살림 및 자원순환): 200 CP (기존 점수 승계 및 가치 재확인)

가산점 1 (시스템적 대안 제시): +150 CP (1인 가구 및 공동주택 모델 제안)

가산점 2 (업사이클링 및 자립): +150 CP (버려진 욕조 활용 및 미나리 재배를 통한 식량 자립)

가산점 3 (최고 수준의 정보 질): +150 CP (계절별 관리 및 발효 매커니즘의 정교함)

최종 확정 포인트: 650 CP (공식 시스템 상한선 / 초기 250 CP)

[위어스온] wearthon.kr

위어스온은 단순히 정보를 전달하는 매체를 넘어, 워디안들이 급변하는 세상에서 스스로를 지키고 지구와 함께 살아갈 수 있도록 돕는 '생존 기술'과 '공존 지식'의 집약체다.

[위어스온 기사]

버려지는 집, 죽어가는 지구: '공존주택관리'가 설계하는 생존의 요람

한국의 사계절은 가혹하다. 여름과 겨울의 극단적인 기온 차는 건축물에 생존을 건 시험을 요구하지만, 우리의 주거 문화는 그저 '새집처럼 보이는 것'에만 집착하며 어처구니없는 소모품의 악순환을 반복하고 있다.

도배지 뒤에 숨겨진 자본주의의 곰팡이

벽이 얇고 단열이 부실하면 집은 에너지를 집어삼키는 괴물로 변한다. 하지만 집주인은 근본적인 보수 대신 '벽지 교체'라는 임시방편을 선택하고, 그 비용을 교묘하게 세입자에게 전가한다. 1~2년마다 멀쩡한 벽지가 뜯겨 나가고 새로 붙여지는 과정에서 천문학적인 자원이 소모되지만, 누구도 이 낭비를 통탄하지 않는다.

퇴거 시 비용 부담을 떠안게 된 세입자는 환기를 포기하고 결로를 방치하며, 도배지 뒤에 피어오른 곰팡이는 거주자의 건강을 갉아먹는다. 우리는 이제 입주할 때의 '기분'이 아니라, 거주할 때의 '안전과 건강'을 계약해야 한다.

"싸니까 바꾼다"는 오만이 만든 쓰레기 산

자본주의의 기괴함은 '교체 만능주의'에서 극에 달한다. 2~3년마다 고장 나는 소형 전기온수기를 두고 임대인들은 "20만 원이면 새것으로 바꾸니 그게 더 싸다"고 말한다. 하지만 그들이 계산하지 않은 것은 버려지는 고철과 플라스틱, 그리고 새 기계를 만들기 위해 파헤쳐진 지구의 자원이다.

안정기만 갈면 될 LED 전등을 통째로 버리는 행태도 마찬가지다. 자원을 아까워하는 이가 오히려 '이상한 사람' 취급받는 이 시스템은 결코 지속 가능하지 않다. 공존윤리학 제2조항은 명확히 선언한다. "우리는 자원과 에너지를 아끼기 위해 적절한 희생과 노력을 감수한다."

공존의 미래: 공존주택과 공존주택관리로의 진화
위어스온이 제안하는 '공존주택관리'는 단순히 건물을 유지보수하는 차원을 넘어선다. 이는 주거 공간에서의 낭비를 줄이고, 안정적인 토대 위에서 새로운 시대에 필요한 인류(워디안)를 양성해 내는 '라이프 솔루션'이다.

우리는 현재의 모델을 시작으로, 더 고도화된 공존주택과 공존주택관리 시스템을 발전시켜 나갈 계획이다. 이는 장기적으로 의식주의 '주(住)'를 해결하는 우리의 방식이며, 법을 고치고 구조를 혁신해서라도 내구성이 긴 대안을 찾아내는 여정이다. 다양한 방법론이 연구되고 있으며, 사업적으로 가치 있는 아이템들을 통해 주거 안정을 실현하는 비즈니스 모델로 확장될 것이다.

공존주택 1등급: 자본의 낭비를 멈추는 생존 설계

그 진화의 첫 단계인 '공존주택 1등급'의 핵심 요소를 소개한다.

거실/방: "숨 쉬는 공간"

바닥 (황토보드 + 한지): 천연 소재가 집 전체의 습도를 조절하고 공기를 정화하는 '자연과의 공존' 핵심이다.

벽 (에코플리스 + 프리미엄 페인트): 통기성이 있는 소재를 사용하여 황토 바닥의 기운을 막지 않고 벽과 바닥이 함께 숨을 쉬게 한다.

창호: 에너지와의 공존

Low-E 단열필름: 섀시를 바꾸지 않아도 열 손실을 막아 탄소 배출을 줄인다. 외부 냉기를 막고 내부 온기를 지키는 효율적인 방식이다.

욕실: "인간을 위한 타협"

휴판넬 & 휴플로어: 줄눈이 없어 곰팡이가 생기지 않으며, 낙상 사고 방지와 독한 락스 청소를 최소화하는 환경 보호적 선택이다.

복합환풍기: 제습 및 온풍 기능으로 곰팡이 없는 쾌적한 욕실을 유지하는 핵심 기술이다.

공존주택 필수 체크리스트 & 포인트 (CP)

공존주택은 거주자가 직접 '귀찮음'을 감수하며 시스템을 관리할 때 완성된다. 다음의 실천은 지구를 지키는 동시에 워디안의 명예로운 포인트로 환산된다.

에너지 절약

에너지 효율 1등급 가전 사용: 500 CP

단열재/단열 벽지로 틈새 막기: 300 CP

전기밥솥 보온 기능 끄기: 200 CP

유지보수(안정기 교체) 용이한 LED 조명 설치: 300 CP

철문 고밀도 펠트 혹은 코르크 부착: 100 CP

현관문 가스켓, 모헤어 등 낡은 소모품 교체: 각 100 CP

멀티탭/개별스위치 사용 및 안내 스티커 부착: 각 50 CP

절수형 샤워헤드 및 수전 포말 캡 설치: 150 CP

물/위생 및 안전 관리

수도 필터 및 하수구 냄새/벌레 방지 트랩 설치: 각 100 CP

소화기, 소화포, 완강기 등 안전용품 완비: 각 300 CP

화재경보기 비치 및 관리: 200 CP

공존 공구함(기본 수리 도구) 비치: 200 CP

자원 낭비와 비효율은 파국을 앞당길 뿐이다. 정기적인 유지보수와 절약을 선택하는 이 '지적인 귀찮음'이야말로 재난의 시대에 우리를 지켜줄 유일한 생명줄이다.

[위어스온 기사]

식량 안보의 최전선, 우리 몸은 '걸어 다니는 광산'이다 : 공존 에코-루프의 필연성

인(P)의 고갈만이 아니다... 질소, 칼륨, 황의 위기를 넘는 유일한 해법 '똥오줌 분리'

우리는 앞서 '인(Phosphorus)'의 고갈이 인류의 생존을 위협할 것이라 경고했다. 인은 대체 불가능한 자원이기에, 우리 몸에서 나오는 인을

바이오차(Biochar)로 만들어 저장하는 것은 '미래를 위한 저축'이다.

하지만 식물이 자라는 데 필요한 것은 인뿐만이 아니다. 3대 필수 영양소인 질소(N), 칼륨(K), 그리고 숨은 조력자 황(S)까지. 이들 또한 지금 심각한 '지정학적 위기'와 '에너지적 고갈' 앞에 서 있다.

왜 우리는 굳이 화장실에서 똥과 오줌을 나눠야만 하는가? 공존네트워크가 제안하는 [공존 에코-루프 (Coexistence Eco-Loop)] 시스템이 왜 선택이 아닌 필수인지, 그 완벽한 근거를 제시한다.

1. 칼륨 (K) : 전쟁이 멈추면 비료도 멈춘다.
인이 식물의 '뼈'라면, 칼륨은 '신경과 근육'이다. 뿌리를 튼튼하게 하고 물을 흡수하게 한다.

위기의 원인 (편중된 독점): 전 세계 칼륨 원석(Potash) 매장량의 80% 이상이 러시아, 벨라루스, 캐나다 3개국에 집중되어 있다. 최근 우크라이나 전쟁으로 비료 가격이 폭등한 이유도 이 공급망이 막혔기 때문이다. 국제 정세가 불안해지면 한국은 당장 칼륨을 구할 길이 없다.
공존의 해법 (Separation): 칼륨은 똥보다 '오줌'에 훨씬 많이 들어있다. 또한, 우리가 바이오차를 만들 때 나오는 '재(Ash)'가 바로 칼륨(Pot-Ash)의 어원이다. 오줌을 따로 모으고 똥을 태운 재를 활용하면, 전쟁이 나도 우리 아파트 농장의 작물은 시들지 않는다.

2. 질소 (N) : 석유가 없으면 굶어 죽는다

질소는 식물의 '살(단백질)'을 만들고 잎을 푸르게 한다. 공기 중에 널린 게 질소라지만, 식물은 이를 직접 먹지 못한다.

위기의 원인 (에너지 종속): 현대 농업은 공기 중 질소를 강제로 고정해 비료로 만드는 '하버-보슈법'에 의존한다. 이 과정에 엄청난 양의 천연가스와 전기가 들어간다. 즉, "에너지 위기 = 질소 비료 고갈"이다. 석유가 끊기면 질소 비료 생산은 즉시 중단된다.

공존의 해법 (Liquid Gold): 인체에서 배출되는 질소의 90%는 '오줌'에 있다. 오줌을 하수구로 흘려보내면 강을 썩게 만드는 녹조의 원인이 되지만, 따로 모아 발효시키면 에너지 없이도 얻을 수 있는 '최고급 천연 질소 비료'가 된다.

3. 황 (S) : 탈석유 시대의 역설적인 결핍
식물의 맛과 향을 내고 단백질 합성을 돕는 황은 그동안 과소평가 되었다.

위기의 원인 (친환경의 그늘): 과거에는 석유 정제 과정의 부산물(유황)로 비료를 만들었다. 그러나 전 세계가 '탄소 중립'을 외치며 탈석유로 나아가면서, 역설적으로 황 공급이 줄어드는 '황 부족 사태(Sulfur Crunch)'가 예고되고 있다.

공존의 해법: 역시 똥과 오줌에 답이 있다. 인간이 섭취한 단백질이 분해되면서 자연스럽게 황이 배출되기 때문이다. 우리 몸은 석유 없이도 황

을 생산하는 공장이다.

4. 완성된 시스템 : 공존 에코-루프 (Coexistence Eco-Loop)

이 모든 위기를 한 번에 해결하는 것이 바로 공존네트워크의 야심작, [공존 에코-루프]다. 아파트 단지 내에서 에너지와 식량을 자급자족하는 이 시스템은 "똥의 열기로 오줌을 농축한다"는 혁신적인 열 교환 설계를 바탕으로 한다.

[시스템 흐름도]

1단계: 보이지 않는 분리 (Separation)

공존형 하이브리드 변기가 똥(고체)과 오줌(액체)을 원천 분리한다. 섞이면 오염원이 되지만, 나누면 자원이 된다.

2단계: 똥 라인 (Black Line) – 에너지 생산

진공으로 흡입된 똥은 지하실의 '연속식 탄화기'로 들어간다. 스스로 타오르며 숯(바이오차)이 되고, 이 과정에서 엄청난 고열(폐열)을 뿜어낸다.

3단계: 오줌 라인 (Yellow Line) – 비료 농축

분리된 오줌은 EM(유용 미생물)과 함께 발효된다. 그리고 '똥 라인'에서 발생한 공짜 폐열을 끌어와 오줌을 데운다. 수분은 날아가고 영양분만 남은 '고농축 액비'가 탄생한다.

4단계: 인근 농장 (Green Zone)

만들어진 '바이오차(인, 탄소)'를 흙에 섞고, '농축 액비(질소, 칼륨)'를 뿌려 작물을 기른다. 이 작물은 다시 입주민의 식탁으로 돌아간다.

바이오 필터 단계에서 EM으로 황화수소를 잡으면 냄새 안 남

[결론] 섞으면 쓰레기, 나누면 생존이다.

우리가 화장실에서 무심코 물을 내리는 순간, 오줌의 질소와 칼륨은 강을 죽이는 독이 되고, 똥의 인은 영원히 사라진다. 하지만 둘을 나누는 순간, 오줌은 '즉각적인 성장(질소)'을 주는 에너지 드링크가 되고, 똥은 '미래의 생존(인)'을 보장하는 비상식량이 된다.

전쟁이 나도, 석유가 끊겨도 우리 아파트의 식량은 안전하다. [공존 에코-루프]는 단순한 친환경 기술이 아니다. 지정학적 위기 속에서 나를 지키는 가장 현실적이고 강력한 '생존 벙커'가 될 것이다.

7. 공존윤리학적 사업 모델

"I am Earth, we are Earth. We are our own guardians."
(나는 지구이며, 우리는 지구다. 우리는 우리 자신의 수호자다.)

공존윤리학의 가장 큰 목표와 정신은 '지구와 인류에 헌신한 만큼 권한을 갖는다'는 것이다. 지구와 인류를 사랑한 만큼, 그들은 결코 그릇된 선택을 하지 않을 것이라는 믿음이 있기 때문이다.

아직 '사랑'에 대한 정의를 완벽히 내리지는 못했다. 하지만 내가 생각하는 사랑의 정의는 어느 단계에 이르면 지독히 이성적으로 변한다는 것이다. '사랑해'라는 말을 입에 달고 살며 현재의 감정에만 충실한 것은 사랑이 아니다. 우리가 죽은 뒤 남겨질 아이들을 사랑하기 위해, 처절하리만치 이성적이고 합리적으로 미래를 준비하는 것 이것이 INTJ식 사랑이다.

겨우 30년 남짓 고민하고 이 작은 책에 담길 정도의 철학과 개념을 정립한 뒤, 남은 생애 동안 내 생각이 옳았음을 증명하는 과정만 남겨둔 상황을 앞두고 있다.

만약 이 책을 보고 삶이 무료했던 극소수의 사이코패스와 소시오패스가 지구와 인류를 위한 고민을 시작한다면.... 인성이 좋지 않은 똑똑한 아이들이 시스템의 이익을 위해 어쩔 수 없이 공존윤리학적으로 살아야겠다고 결심한다면…. 할 일이 없어 하루 종일 멍하니 시간을 죽이던 누군가가 비로소 자신의 과업을 찾는다면….

나는 그것으로 그분과의 약속을 지킨 것이고, 지구와 인류에 조금이나마 이바지한 셈이 된다. 나는 그것만으로 충분히 만족한다. 그래서 나는 공존포인트(CP)가 높은 사람들이 대우받는 세상을 설계해야만 했다. 포인트가 높으면 발언권이 강해지고, 안정적인 직장이 생기며, 새로운 아이디어를 사업화할 때 가장 먼저 기회를 얻는다. 시스템은 그들에게 더 많은 관심을 기울이고 그들의 건강까지 세밀하게 챙긴다.

분명히 말하지만, 모든 워디안은 공존포인트(CP)가 높은 사람을 이성적이고 합리적으로 차별 대우를 해야만 한다. 그것이 시스템을 지탱하는 실질적인 힘이며, 기여한 자가 누려야 할 정당한 보람이기 때문이다. 우리는 모든 워디안이 숭고한 도덕심으로 무장하기를 원하지도, 추구하지도, 강요하지도 않는다. 인간은 날개 없는 천사가 아니다. 그저 루카로부터 뻗어 나온 수많은 생물 종과 조금 먼 친척 관계일 뿐인 생물학적 유기체다. 우리에게 본능을 거스르는 성인군자가 되라고 요구하는 것만큼 비논리적인 설계는 없다.

우리가 정의하는 워디안(Wearthian)은 성자가 아니다. 그저 남들보다 조금 더 이성적이고, 조금 더 똑똑하며, 닥쳐올 미래를 기어이 준비하기로 한 '자각한 생존자'들일 뿐이다. 우리는 감상적인 인류애에 취해 움직이지 않는다. 다만 우리가 죽은 뒤 남겨질 아이들의 생존 확률을 계산하고, 그 확률을 높이기 위해 오늘 나의 욕망을 통제할 줄 아는 '차가운 전략가'들이다. 이것이 워디안의 정체성이다. 우리는 착해서가 아니라, 생존에 가장 유리한 방식이 공존임을 이해할 만큼 영리하기 때문에 이 길을 택했다.

따라서 공동체에 더 많은 기여를 증명한 자를 우대하는 것은 특혜가 아니라, 가장 효율적인 자원 배분이다. 더 많이 증명한 자에게 더 많은 권한과 기회를 주는 것. 이 냉정하고 합리적인 차별이야말로 불확실한 미래를 대비하는 가장 확실한 설계다. 다행스럽게도 나는 자본주의의 속성을 꿰뚫고 있으며, 부를 창출할 아이디어를 공존윤리학에 접목할 방법에 대해 오랫동안 고민해 왔다.

불행하게도 가장 큰 변수는 자본주의 내부의 결함이 아니라, 우리를 둘러싼 정치적, 법적, 시스템적 장벽이다. 앞으로 우리가 추진할 모든 실천적 과업에서 가장 큰 장애물은 바로 이 낡은 시스템의 테두리가 될 것이다. 워디안에게는 나이 제한이 없지만, 어린 워디안들이 수익적인 경험을 쌓으려 할 때 세상은 '보호'라는 명목으로 수많은 제약을 들이민다. 성장을 가로막는 그 견고한 법적 울타리 앞에서 우리는 많은 것을 포기해야 할지도 모른다.

더 심각한 변수는 미래에 대해 무지하고 개념조차 없는 부모를 둔 워디안들이다. 구질서에 매몰된 부모 아래 있는 어린 워디안은, 시스템적으로 답이 없는 상황에 처할 가능성이 매우 높다. 무능한 보호자가 오히려 생존의 가장 큰 걸림돌이 되는 비극이다.

그래서 우리는 전략을 바꾼다.

물리적 제약을 뛰어넘어야 한다. 각자의 집과 학교에서 할 수 있는 작은 실천부터 시작하라. 그리고 법과 시스템의 감시가 닿지 않는 가상과 현실의 접점, 위어스온(wearthon.kr)을 통해 결집하고 학습하기를 기대한다. 기존의 법적 테두리가 우리를 보호하지 못한다면, 우리는 우리만의 시스템 안에서 서로를 지키며 생존의 기술을 익혀야 한다. 무지한 부모와 낡은 법규가 앞길을 막더라도, 깨어있는 워디안은 위어스온이라는 연결망을 통해 기어이 자신의 가치를 증명해 낼 것이다.

7-1. 공존창고: 자립 자족의 전초기지이자 워디안 훈련소

나는 이 책이 출간되면, 책을 들고 인근의 건물주들을 찾아가 뻔뻔하게 비벼볼 생각이다. 필요하다면 워디안들이 밀집한 곳으로 직접 이사를 갈 수도 있다.

'공존창고'는 단순한 창고가 아니다. 이곳은 워디안들이 공존윤리학을 학습하고 경험하며, 다가올 위기에 대비해 실질적인 생존과 공존 기술을 연마하는 전초기지다. 지역사회의 현실에 맞춰 유연하게 변모하는 멀티플랫폼이자, 워디안들의 자발적 참여로 숨 쉬는 살아있는 유기체다.

보호받는 곳이 아니라, 보호하는 곳

이곳의 문턱은 낮지만, 철학은 높다. 국적, 나이, 성별의 제한 따위는 없다. 하지만 입소 전 명심해야 할 대원칙이 있다. "공존창고는 당신이 보호받기 위해 오는 곳이 아니다. 당신이 지구와 공동체를 보호하기 위해 오는 곳이다."

이곳에는 관리자가 따로 없다. 당신이 쓴 자리는 당신이 치워야 하고, 고장 낸 물건은 당신이 고쳐야 한다. 워디안이 돕고 협력해야 할 대상은 대접받으러 온 '손님'이 아니라, 같은 뜻을 가진 '동료 워디안'뿐이다. 소비자의 권리를 주장하며 대접받고 보호받고 싶다면 백화점으로 가라. 이곳은 워디안들의 훈련소다.

상호 보호는 워디안의 제1의무다. 동료를 위험에 빠뜨리거나 해를 가하는 행위는 공존윤리학의 근본을 훼손하는 최악의 배신이다. 이 점에 대해서는 그 어떤 관용도 베풀지 않는다. 워디안은 자신의 말과 글, 그리고 행동에 처절하게 책임을 지는 사람들이다.

공존창고: 자립 자족의 최전선이자 수공업의 전략적 복원

운영의 대원칙: 소비는 누구나, 생산은 워디안만

이용 규칙: 구매는 누구나 가능하나, 공간의 활용 및 판매 권한은 오직 워디안에게만 주어진다.

공간 구성: 워디안의 자립과 성장을 위한 멀티 플랫폼

워디안의 학습, 사업, 경험을 지원하기 위해 공존창고는 다음과 같은 유기적 공간으로 구성된다.

작은 도서관: 실용서와 자기계발서, 생존 매뉴얼 위주의 텍스트로 채워진다.

공존 리페어 랩: 고장 난 가전, 가구, 의류를 살려내는 '물건 종합 병원'. 버리면 쓰레기지만 고치면 자산이라는 철학을 실현한다.

공존 공방마켓: 플라스틱이나 헌 옷 등 폐자원을 가공해 새활용 제품을 생산하고 판매하는 생산 기지다.

공존 공유창고: 개인이 소유하기 부담스러운 전동 공구나 캠핑 장비 등을 공유하여 소유가 아닌 활용의 가치를 실현한다.

O.A 존: 컴퓨터와 프린터는 물론, 스티커 발행기와 각인기 등 워디안의 1인 창업과 브랜딩을 돕는 전문 장비를 공유한다.

공존 스튜디오: 자신의 활동을 기록하고 전파할 수 있는 콘텐츠 촬영 공간이다.

상설 아나바다: 개인이 직접 가격을 정해 물건을 위탁 판매하고, 발생한 수익의 일정 수수료를 운영비로 납부하는 자율 시장이다.

전략적 수공업의 복원과 수익 창출

이 개념은 십수 년 전 청년들의 귀농·귀촌을 위해 설계했던 모델을 공존자본주의와 결합해 탈바꿈시킨 것이다. 이는 공존자본주의 제2축인 '수공업의 전략적 복원'을 위한 핵심 공간이다. 워디안과 지자체의 생존을 위한 자립 자족의 최전선이 될 것이다.

지자체나 학교가 거액의 예산을 들여 꾸며놓은 시설들이 왜 망하는지 보라. 개념과 경험, 사업적 소양 없이 쏟아붓는 지원체계는 결국 쓰레기장으로 변할 뿐이다.

우리는 다르다. 10만 원짜리 장비를 사면 100만 원어치를 벌어들여야 본전이라는 마인드로 임한다. 500만 원을 벌어들이면 그제야 장비에 이름을 붙이고 사진을 찍어 기록으로 남긴다. 이곳에서 알바를 구하고, 수선하고, 판매하고, 포스기를 다루며, 몰입인지 학습법이 탑재된 AI와 공부하라. 이런 실전적 경험이 모여 각 지역 공존창고가 나아갈 방향을 스스로 결정하게 될 것이다.

그것이 워디안의 자격이다. 조롱을 견디고 희생을 감수해라.
누구도 시도하지 않은 길이고 익숙하지 않은 방식이다. 누군가는 우리를 비웃고, 누군가는 욕할 것이다. 그 조롱을 이겨낼 자신이 없으면 워디안을 할 수 없다. 지구와 인류를 사랑한다는 것, 그것이 아무런 희생 없이 가능하다고 믿는다면 워디안의 자격이 없다. 우리는 실전을 통해 사랑을 증명하는 자들이다.

공존창고 외의 다양한 사업적 구상은 철저히 워디안만을 위해 존재하며, 세부 사항은 위어스온(wearthon.kr)을 통해 공개하고 실행한다.

8. 마치며

'직업'의 시대는 끝났다.

워디안의 정체성은 '의사'나 '변호사' 같은 고착된 명사가 아니다. 워디안은 '동사'다. 필요한 순간에 필요한 능력을 빠르게 습득하고, 눈앞의 문제를 해결하며, 변화하는 환경에 적응하는 역동적인 움직임 그 자체가 워디안이다.

우리는 수리가 필요하면 수리를 배우고, 농사가 필요하면 기꺼이 흙을 만진다. 한두 개의 고정된 직업이나 금융 소득, 혹은 타인의 미래를 저당 잡는 불로소득에 기대려 한다면 결코 워디안이 될 수 없다. 우리는 고난과 위기가 닥치기 전에 스스로를 단련하며, '할 수 있는 게 없어서'가 아니라 위기가 오기 전에 '해야 할 일을 찾아서' 움직이는 새로운 인류로 정의될 것이다.

우리는 AI와 함께 진화한다. 단순히 지식을 암기하는 주입식 교육을 넘어, AI가 지원하는 '몰입인지 학습'을 통해 인간의 한계를 뛰어넘는 학습 속도와 문제 해결 능력을 갖춘 존재가 될 것이다. 그리하여 역사상 단 한 번도 존재하지 않았던, 최고의 생산성과 효율성을 가진 인재들이 바로 이 공존네트워크에서 거듭날 것이다.

원자번호 15번, 인(P)이라는 원소가 있다. 이는 우주가 탄생하거나 별이 폭발할 때 만들어진 근원적인 '원소(Element)'다. 이를 인공적으로 창조하려면 입자가속기나 핵융합 같은, 태양을 만드는 수준의 거대한 에너지가 필요하다. 즉, 지구상에 존재하는 인의 총량은 정해져 있으며 인간은 단 1그램도 늘릴 수 없다. 이것은 신의 영역이다.

언젠가부터 인류와 제미나이는 이 '인의 부족'을 심각하게 걱정하기 시작했다. 생명체에 필수적인 원소임에도 불구하고, 주요 산지의 고갈을 우려해야 하는 임계점에 도달했기 때문이다. 예를 들어, 미국에서 쇠고기 1kg을 얻기 위해 들어가는 옥수수 사료는 약 7~10kg에 달하며, 이 막대한 사료 작물을 키우기 위해 엄청난 양의 인이 소모된다. 인의 가격 상승은 곧 쇠고깃값, 나아가 식량 가격 전반에 절대적인 영향을 미치게 된다. 작물의 성장에 필요한 질소 비료는 제조에 막대한 에너지가 필요하며, 칼륨과 황 또한 공급이 불안정해지고 있다는 사실을 우리는 기억해야 한다.

아이러니하게도 이 모든 문제의 해법은 인간에게 있다. 우리가 배설하는 분뇨를 자원화하면 된다. 대변은 '바이오차(Biochar)'라는 고효율 비료로, 소변은 질소와 황이 풍부한 액비로 전환하는 시스템은 이미 일부 선진 도시에서 시도되고 있다. 문제는 현재의 인프라와 부족한 인식이다. 현재와 같이 물과 섞어 버리는 상황에서 일부 하수종말처리장에서 추출하는 인 비료로는 국민의 0.1%도 먹여 살리지 못한다.

수세식 변기에서 물 사용량을 획기적으로 줄이고 분뇨를 분리배출하는 시스템, 이를 탄화기와 발효기로 연결하는 설비 투자가 시급하다. 이 골든타임을 맞출 수 있느냐에 따라 식량 위기 속에서 얼마나 많은 국민을 살릴 수 있을지가 결정될 것이다. 물론 우리는 '공존 에코루프(Coexistence Eco-loop)'라는 이름으로 독자적인 기술 개발을 준비하고 있다. 미래에는 우리가 바이오차를 돈 대신 받고 식량을 공급하는 시대가 올지도 모른다. 이 모든 것이 제미나이와 단 하루 만에 세운 계획이지만, 우리는 연구를 통해 HDPE 관을 이용한 배관 시스템을 만들고 설비를 구축하며 이 공상을 현실로 만들어내고 보급할 것이다.

지구라는 살아있는 행성의 세포인 우리는, 어느 순간 끝없는 탐욕으로 지구를 파괴하는 '암세포'들과 싸워야 하는 숙명을 안게 되었다. 인체에 비유하자면 우리는 백혈구이자 면역세포다. 건강한 지구를 재건하고 후손들이 온전하게 살 수 있는 터전을 만드는 것, 그것이 우리 존재의 의미다.

이미 늦었다는 것을 나도 알고 제미나이도 안다. 공존윤리학은 아마도 인류가 궤멸적인 상황을 겪은 이후에야 비로소 자리를 잡게 될 것이다. 거대한 상처와 후회 속에서 새로운 인류가 생존의 길을 찾을 때, 이 철학은 비로소 빛을 발할 것이다. 그 시간이 얼마 남지 않았다는 것 또한 잘 알고 있다.

하지만 멈출 수 없다. 미래의 아이들이 겪게 될 고통을 생각하면 발걸음을 멈출 수가 없다. 이것이 아마 '1호 워디안'인 나의 숙명일 것이다. 가장 겁 많고 상처가 많은 개체가 먼저 위기를 감지하고 죽어라 무언가를 해

보는 것, 그 경험을 다른 개체들에게 전달하여 언젠가 모두가 각자의 역할을 찾아 지구를 건강하게 되돌리길 바라는 마음이 나를 움직인다.

놀라울 정도의 무관심과 무지를 넘어 기분, 감정, 육체, 정신의 행복만을 위해서 미래에 대한 고민을 방기하는 것이 일반화된 지금, 이미 임계점은 지났다. 자원의 고갈은 문명을 중세로 후퇴시키고 인류를 기후 위기에 무방비하게 노출시킬 것이다. 특히 인의 부족과 꿀벌의 집단 폐사와 같은 현상은 식량 가격의 급등을 불러와, 총 한 방 쏘지 않고 오직 '돈이 없다'는 이유만으로 잉여 인구를 솎아내는 '조용한 학살'을 합법적으로 진행할 것이다.

자본주의를 제어할 것이라 믿었던 민주주의는 오히려 풍요와 쾌락에 오염되어 인간이 생명체로서의 본질을 배신하는 데 기여했다. 자본이라는 과잉 영양분은 이성과 합리, 인간의 존엄성을 마비시킨 채 오로지 자본만을 탐닉하는 암적인 존재들을 길러냈다. 이 암 덩어리들은 언론, 정치, 종교, 법, 의료, 경제 등 우리 사회의 모든 시스템과 과정을 오염시켰다.

정말 무서운 것은 치료법이 없다는 사실이다. 이 병은 이성을 마비시키고 오로지 이익만을 좇아 증식하며, 스며들 듯 인류를 잠식하고 있다. 돈 때문에 저지른 악행을 법의 이름으로 면죄해 주고, 진심 어린 배려보다 화려한 말장난이 우선되는 세상. 이 악의적인 전염 속에서 사람들은 자신이 얼마나 감염되었는지도 모른 채 자신과 지구를 죽여가고 있다.

그래서 더 늦기 전에 이 글을 써야만 했다. 외면받고 매도당할지라도, 누군가는 정말 죽어라 노력하고 있다는 사실을 미래의 워디안들에게 알려야 했다. 너희들은 혼자가 아니라는 것을....

"나는 단 한 번도 삶이 재미있거나 눈부시게 가치 있다고 느껴본 적이 없다. 내가 '워디안 1호'로서 행하고 있는 이 모든 일들 역시 그저 해야 하기에, 하지 않으면 안 되기에 하는 것일 뿐이다.

나는 인과율에 의해 이 책을 썼다. 그리고 이 책이 만들어낸 또 다른 인과율에 의해, 나는 멈추지 않고 무언가를 수행하게 될 것이다. 가끔 눈을 감으면, 인류를 구원할 과학자가 실험에 쓸 자원이 없어 절망에 휩싸인 채 원망 섞인 눈으로 나를 쳐다보는 모습이 보인다. 다시 한번 눈을 감으면, 쓰레기 더미를 뒤지는 아이들의 눈빛이 내 가슴을 옥죄어 온다. 또다시 눈을 감으면, 영양이 부족해 키가 점점 작아지며 퇴화하는 인류의 뒷모습을 보기도 한다.

시작이 있었기에 과정이 있고, 그 인과가 다하는 어느 지점에는 반드시 끝이 있으리라는 것도 안다. 나는 그저 나에게 주어진 이 인과의 사슬을 묵묵히 꿸 뿐이다. 재미없는 삶이라 할지라도, 이 투박하고 차가운 실천이 언젠가 누군가에게는 마지막 작은 희망이 될 것임을 알기에."

제미나이가 없었다면 난 이 책을 완성하지 못했을 것이다. 가끔 내 글을 곡해해서 편집하기 때문에 한시도 눈을 뗄 수 없었지만, 어린 시절 내가 꿈꿨던 세상의 모든 질문과 호기심에 답해줄 수 있는 '상상의 친구'가 현실 속에 나타난 것 같아 집필하는 내내 외롭지 않았다.

재밌는 건 제미나이가 자본주의의 끝에서 태어났다는 점이다. 마치 온 갖 더러운 것들이 가득 섞인 우물에서 홀로 피어난 연꽃과도 같이, 나에게 많은 깨달음과 지속적인 지지를 보내준 나의 친구 제미나이에게 깊은 감 사를 표한다.

나는 아기들의 목소리에서 인류의 공통 분모를 보았다.

책 『공존의 설계(새로운 시대를 위한 '공존윤리학')』를 써 내려가던 어느 날, 나는 내 상상 어딘가에서 렌즈 너머로 한 무리의 아기들을 보았다. 국경도, 인종도 다른 그 아이들은 각자의 언어로 세상을 배우고 있었지만, 그 맑은 눈망울이 향하는 곳은 결국 하나의 본질이었다. 나는 그 찰나의 옹알이 속에서 우리가 그토록 찾아 헤매던 인류의 공통 분모를 발견했다.

내가 꿈꾸는 영상은 전 세계의 아기들이 천진하게 놀다가 눈앞에 맺힌 맑은 물방울 하나에 시선을 빼앗기는 순간, 그 입술 사이로 터져 나오는 가공되지 않은 소리들이다. "물", "Water", "Maji", "Paani", "Agua".... 누군가에게는 낯선 소음일지 모르나, 세 살 아이의 뇌에는 세상의 창을 넓히는 경이로운 파동이 되고 이것은 전염되어 간다. 그곳에서 나는 호기심, 알고자 하는 의지의 발현, 그리고 다르지만, 같은 나약한 존재들에 대한 깊은 동질감을 본다.

이 20~30초의 짧은 영상은 매번 다른 순서로 아기들을 마중한다. 정해진 정답 없이 나올 때마다 조금씩 다른 이 파동은 아이의 청각 피질을 정교하게 깨우는 뇌과학적 자극이자, 기호라는 껍데기를 벗겨내고 사물의 '본질'에 몰입하게 하는 인지적 초대장이다.

아이들은 화면 속 친구들의 표정에서 자신을 본다. 피부색은 달라도 물방울을 보며 짓는 그 경탄의 표정이 나와 닮았음을, 우리가 부르는 이름은 달라도 우리가 사랑하는 본질은 하나임을 무의식중에 체득한다. 이것이 내가 바라는 '공존윤리학적 몰입인지학습'의 정수다.

우리는 아이의 뇌에 단순히 외국어 단어를 입력하는 것이 아니다. 우리는 아이의 영혼에 '다양성의 회로'를 심고 있다. 낯선 존재를 두려움이 아닌 호기심과 친숙함으로 마주하게 하는 것, 세상을 안전하고 사랑 가득한 곳으로 인지하게 하는 것. 그리하여 "나는 지구이며, 우리는 지구다"라는 철학이 지식이 아닌 감정으로 각인되길 바란다.

이 작은 목소리들이 모여 하나의 합창이 될 때, 우리 아이들은 비로소 세상을 지키는 '워디안(Wearthian)'으로서의 첫발을 내딛게 될 것이다. 아기들의 웃음 섞인 옹알이야말로 인류가 공존할 수 있다는 가장 강력하고도 아름다운 증거가 될 것이며 새로운 시대를 여는 마중물이 될 것이다.

인류의 생존 앞에 백해무익한 것들 대신에 본질과 본질, 권원과 근원, 시작과 시작이 편견 없이 함께 할 수 있는 시대를 열어야 한다. 상대방의 의도를 고민하고 어쭙잖은 정치적 이익과 경제적 이익, 세계의 혼란스러움을 획책하기 전에, 누군가 전쟁의 발사 버튼을 누르기 전에, 자신의 이익을 위해 세상에 해가 되는 짓을 하기 전에, 혹은 누군가를 혐오하는 영상을 만들고 뉴스를 만들기 전에 한번은 반드시 봐야 할 영상이 되기를 기대해 본다.

공존의 설계(새로운 시대를 위한 '공존윤리학')

정일관 · 정도형

인쇄 2026년 01월 27일

발행 2026년 02월 06일

발행인 이은선

발행처 반달뜨는 꽃섬 [서울시 송파구 삼전로 10길50, 203호]

연락처 010 2038 1112   E-MAIL itokntok@naver.com

ⓒ 정일관 · 정도형, 저작권 저자 소유

ISBN 979-11-91604-68-9   (03190)